발 행 일 | 2021년 10월 01일(1판 1쇄)

개 정 일 | 2024년 09월 02일(1판 8쇄)

I S B N | 978-89-8455-052-0(13000)

정 가 | 10,000원

집 필 | 김진원

진 행 | 김동주

본문디자인 | 디자인앨리스

발 행 처 | (주)아카데미소프트

발 행 인 | 유성천

주 소 | 경기도 파주시 정문로 588번길 24

홈 페 이 지 | www.aso.co.kr / www.asotup.co.kr

나의 타자 실력을 기록해보세요!

구분	날짜		오타수	정확도	확인란	구분	날짜		오타수	정확도	확인란
1	월	일				13	월	일			
2	월	일				14	월	일			
3	월	일				15	월	일			
4	월	일				16	월	일			
5	월	일				17	월	일			
6	월	일				18	월	일			
7	월	일				19	월	일			
8	월	일				20	월	일			
9	월	일				21	월	일			
10	월	일				22	월	일			
11	월	일				23	월	일			
12	월	일				24	월	일			

이런 내용으로 구성되어 있어요!

배울 내용 미리보기

각 장별로 배울 내용을 만화로 미리 확인할 수 있어요.

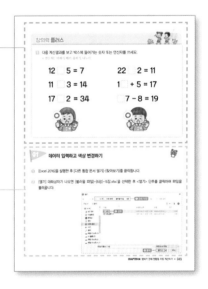

창의력 플러스

본문 학습 내용과 관련된 다양한 형태의 문제들을 스스로 해결하면서
창의력을 높일 수 있어요.

본문 따라하기

엑셀 2016의 여러 가지 기능들을 체계적으로 학습할 수 있도록 구성
되어 있어요.

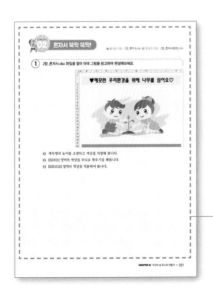

혼자서 뚝딱 뚝딱

앞에서 배운 내용을 다시 한 번 복습할 수 있도록 문제를 제공해요.

목차

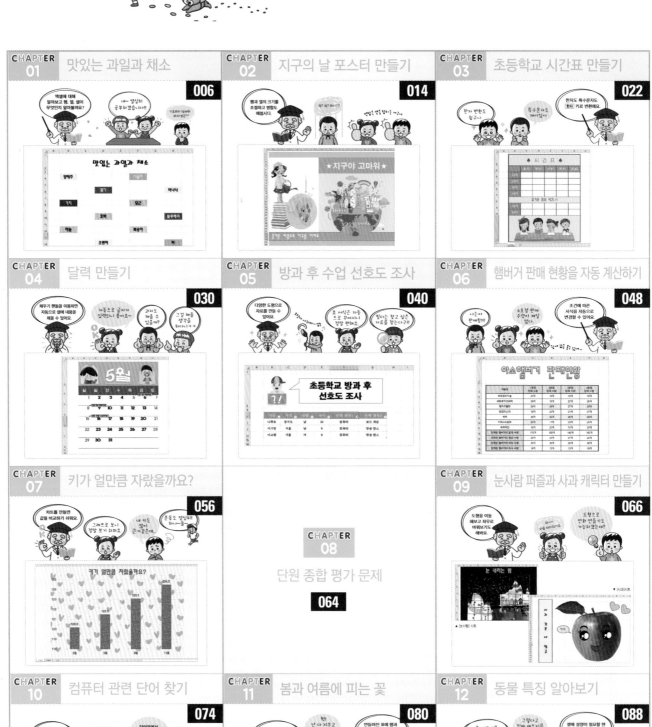

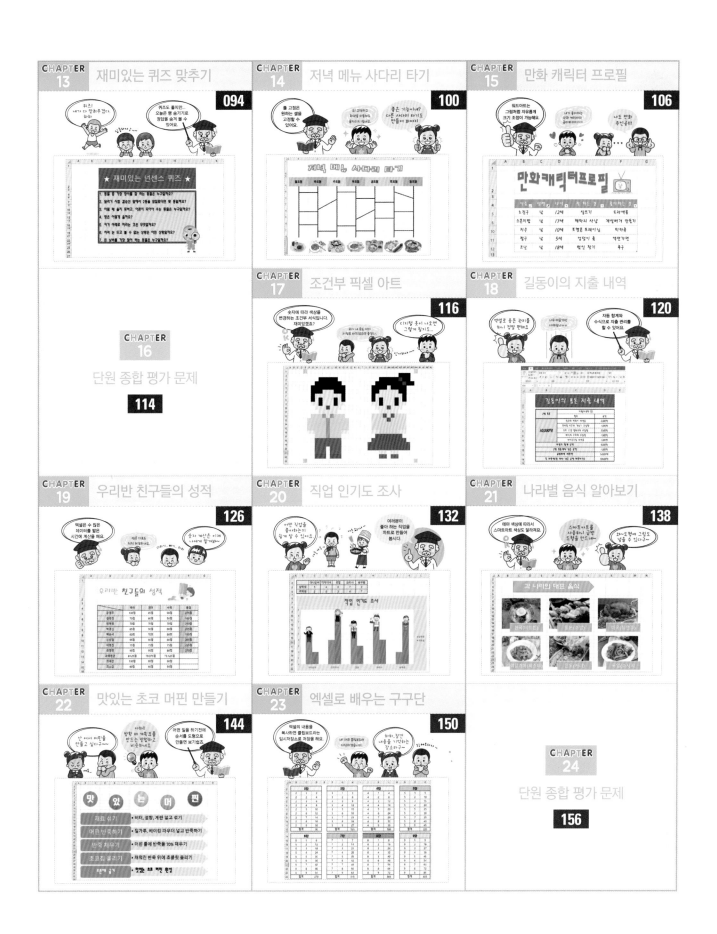

맛있는 과일과 채소

- 열을 삽입하고, 너비를 조절해봅니다.
- 글꼴 서식을 변경한 후 셀에 색을 채워 꾸며봅니다.

📁 불러올 파일 : 1장.xlsx 🖼 완성된 파일 : 1장(완성).xlsx

1 아래 빈 칸에 과일 또는 채소를 쓰고 선물하고 싶은 가족 또는 친구의 이름을 적어보세요.

※ 점선을 따라서 도형과 선을 그리고 가족 또는 친구의 이름을 적어보세요.

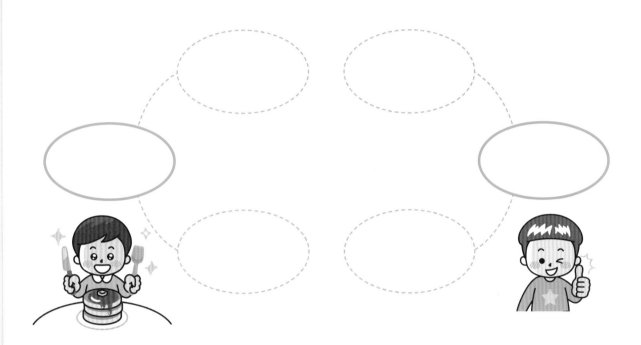

2 다음 음식명을 보고 음식에 들어가는 재료를 자유롭게 1개 이상 적어보세요.

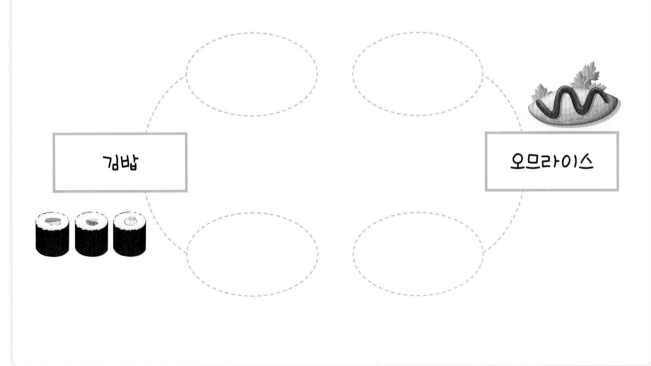

김밥

오므라이스

❶ [Excel 2016]을 실행한 후 [새 통합 문서]를 클릭합니다.

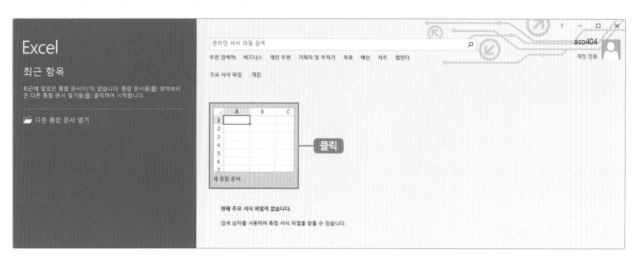

❷ [파일] 탭-[열기]-[찾아보기]를 클릭합니다. 이어서, [불러올 파일]-[1장]-'1장.xlsx'를 선택하고 <열기> 단추를 클릭하여 파일을 불러옵니다.

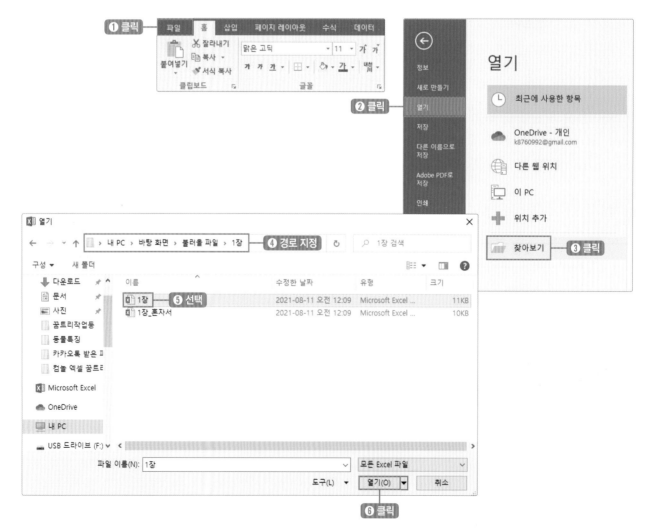

③ A열 머리글 위에서 마우스 오른쪽 단추를 눌러 [삽입]을 클릭합니다.

※ A열 머리글에서 [삽입]을 실행 하면 A열 왼쪽에 새로운 열이 삽입됩니다.

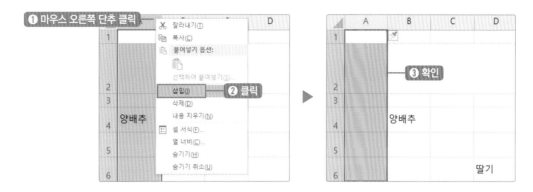

④ B열~H열을 드래그한 후 머리글 위에서 마우스 오른쪽 단추를 눌러 [열 너비]를 클릭합니다.

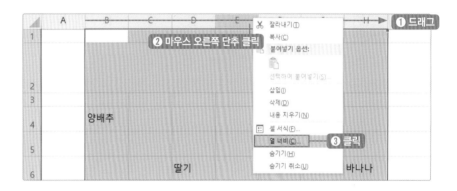

⑤ [열 너비] 대화상자가 나오면 열 너비 입력 칸에 '13'을 입력한 후 <확인> 단추를 클릭합니다.

⑥ B열~H열의 열 너비가 변경된 것을 확인합니다.

제목을 입력한 후 글꼴 서식 변경하기

① [B2] 셀을 클릭한 후 '맛있는 과일과 채소'를 입력하고 **Enter** 키를 누릅니다.

TIP 셀에 글자 입력하기

① 셀을 클릭하여 글자를 입력한 후 **Enter** 키를 누릅니다.

② 셀에 데이터가 입력된 상태라면 기존의 데이터가 삭제되면서 새로운 데이터가 입력됩니다.

③ 데이터 수정 : **F2** 키를 눌러 수정하거나, 셀을 더블 클릭하여 수정할 수 있습니다.

② [B2] 셀을 클릭한 후 [홈] 탭-[글꼴] 그룹에서 원하는 글꼴과 글꼴 크기를 선택합니다.

※ 원하는 글꼴 서식을 직접 입력하면 빠르게 변경할 수 있습니다.

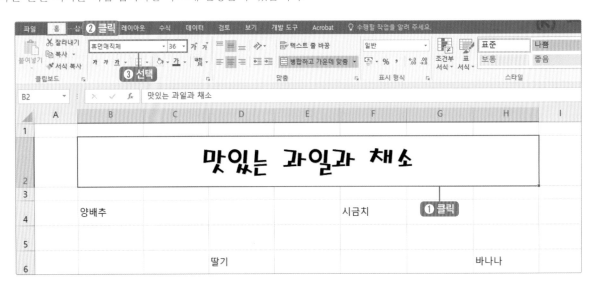

TIP 엑셀 2016 글꼴 도구 모음

① 글꼴　　② 글꼴 크기　　③ 글꼴 크기 크게　　④ 글꼴 크기 작게

⑤ 굵게　　⑥ 기울임꼴　　⑦ 밑줄　　⑧ 테두리

⑨ 채우기 색　　⑩ 글꼴 색

③ [B4] 셀부터 [H14] 셀까지 드래그하여 범위를 지정합니다.

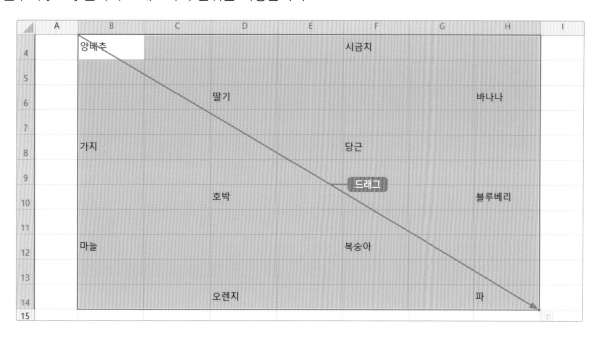

④ [홈] 탭-[글꼴] 그룹에서 원하는 글꼴 서식을 선택합니다.

⑤ [홈] 탭-[글꼴] 그룹에서 [가운데 맞춤(≡)]을 선택하여 글자를 가운데로 정렬합니다.

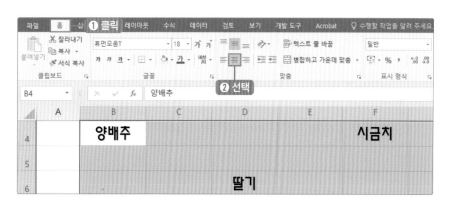

TIP 엑셀 2016 맞춤 도구 모음

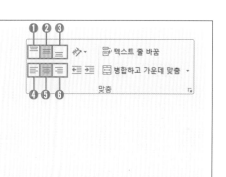

❶ 위쪽 맞춤 : 셀 위쪽에 글자를 맞춤

❷ 가운데 맞춤 : 셀 위쪽과 아래쪽의 중앙에 글자를 맞춤

❸ 아래쪽 맞춤 : 셀 아래쪽에 글자를 맞춤

❹ 텍스트 왼쪽 맞춤 : 셀 왼쪽에 글자를 맞춤

❺ 가운데 맞춤 : 셀 가운데에 글자를 맞춤

❻ 텍스트 오른쪽 맞춤 : 셀 오른쪽에 글자를 맞춤

03 셀에 채우기 색 지정하기

① [B4] 셀을 클릭하고 [홈] 탭-[글꼴]
그룹에서 [채우기 색( )]의 목록
단추( )를 클릭하여 원하는 색상을
선택합니다.

② [B8] 셀을 클릭하고 [홈] 탭-[글꼴]
그룹에서 [채우기 색( )]의 목록
단추( )를 클릭하여 원하는 색상을
선택합니다.

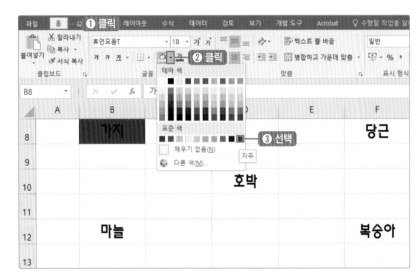

③ [B8] 셀을 클릭하고 [홈] 탭-[글꼴]
그룹에서 [글꼴 색( )]의 목록
단추( )를 클릭하여 원하는 색상을
선택합니다.

❶ 채우기 색 목록에서 [다른 색]을 클릭하면 [테마 색] 이나 [표준 색] 외에 다양한 색상을 선택할 수 있습니다.

❷ [사용자 지정]에서 색을 선택할 경우 오른쪽 색 농도를 변경해야 색이 변경됩니다.

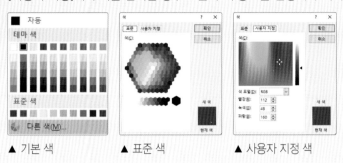

▲ 기본 색   ▲ 표준 색   ▲ 사용자 지정 색

❹ 동일한 방법으로 셀에 입력된 과일과 채소에 [채우기 색] 및 [글꼴 색]을 원하는 색상으로 선택하여 작품을 완성합니다.

❺ [파일]-[다른 이름으로 저장]-[찾아보기]를 클릭합니다. 이어서, [다른 이름으로 저장] 대화상자가 나오면 본인의 폴더에 '과일채소(홍길동)'으로 저장합니다.

※ 본인의 폴더가 없을 경우 '새 폴더'를 만들어 이름을 변경합니다.

CHAPTER 01 혼자서 뚝딱 뚝딱!

📁 불러올 파일 : 1장_혼자서.xlsx 🖥 완성된 파일 : 1장_혼자서(완성).xlsx

1 1장_혼자서.xlsx 파일을 열어 아래 그림을 참고하여 완성해보세요.

❶ 각 셀의 채우기 색상을 '표준 색'에서 찾아봅니다.

❷ 색상 변경 후 글자색도 변경합니다.

지구의 날 포스터 만들기

● 행과 열의 크기를 조절하고, 셀을 병합한 후 가운데 맞춤을 지정해봅니다.

● 셀에 글자를 입력한 후 서식을 변경해봅니다.

📁 불러올 파일 : 2장.xlsx 📄 완성된 파일 : 2장(완성).xlsx

1 다음 이미지를 보고 분리수거를 해보세요.

※ 이미지를 선으로 분리수거통에 연결해보세요.

비닐　　종이　　캔류　　플라스틱

2 환경보호를 위해 내가 할 수 있는 일을 적어보세요.

예 일회용품을 멀리하기

01 열의 너비와 행의 높이 조절하기

① [Excel 2016]을 실행한 후 [다른 통합 문서 열기]-[찾아보기]를 클릭합니다.

② [열기] 대화상자가 나오면 [불러올 파일]-[2장]-'2장.xlsx'를 선택한 후 <열기> 단추를 클릭하여 파일을 불러옵니다.

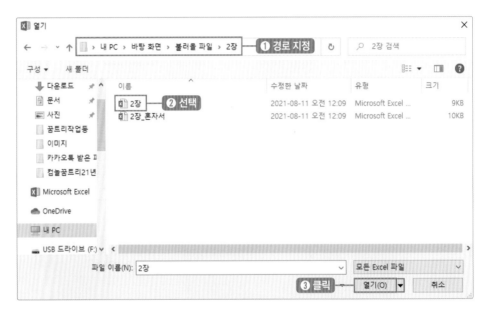

③ [A] 열 머리글 위에서 마우스 오른쪽 단추를 눌러 [열 너비]를 클릭합니다.

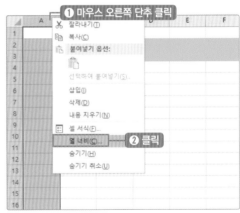

④ [열 너비] 대화상자에서 입력 칸에 '1'을 입력한 후 <확인> 단추를 클릭합니다.

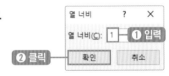

⑤ [1] 행 머리글 위에서 마우스 오른쪽 단추를 눌러 [행 높이]를 클릭합니다.

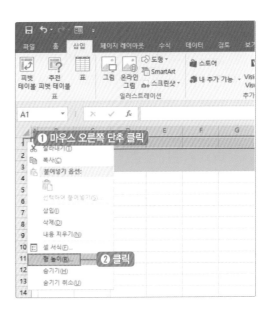

⑥ [행 높이] 대화상자에서 입력 칸에 '10'을 입력한 후 <확인> 단추를 클릭합니다.

 병합하고 가운데 맞춤으로 설정하기

① [B4] 셀부터 [G31] 셀까지 드래그한 후 [홈] 탭-[맞춤] 그룹에서 [병합하고 가운데 맞춤()]을 선택합니다.

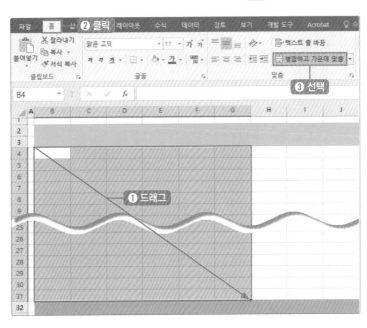

② 동일한 방법으로 [H4] 셀부터 [P9] 셀까지 드래그를 하고 **Ctrl** 키를 누른 상태에서 [H10] 셀부터 [P31] 셀까지 드래그를 하여 범위를 지정합니다. [홈] 탭-[맞춤] 그룹에서 [병합하고 가운데 맞춤(🔳)]을 선택합니다.

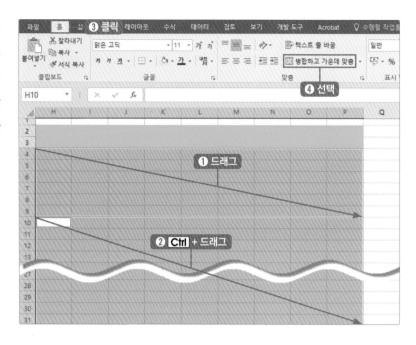

---

03 셀에 채우기 색상을 변경하기

① [H4] 셀을 클릭한 후 [홈] 탭-[글꼴] 그룹에서 [채우기 색(🪣▾)]의 목록 단추(▾)를 클릭하여 원하는 색상을 선택합니다.

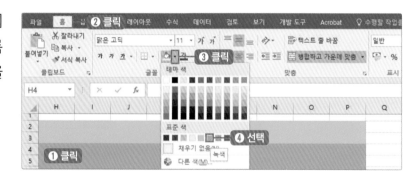

② [H10] 셀을 클릭한 후 마우스 오른쪽 단추를 눌러 [셀 서식]을 클릭합니다.

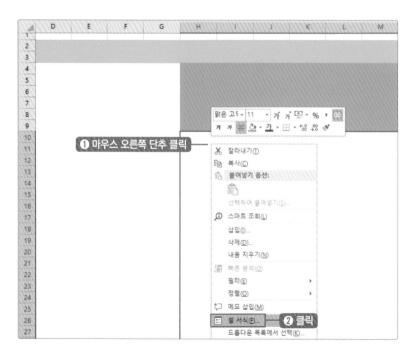

③ [셀 서식] 대화상자가 나오면 [채우기]에서 [배경색], [무늬 색], [무늬 스타일]을 원하는 색상으로 선택하고 <확인> 단추를 클릭합니다.

※ 배경색은 색을 알려주는 풍선 도움말이 나오지 않으므로 '무늬 색'을 클릭하여 확인하세요.

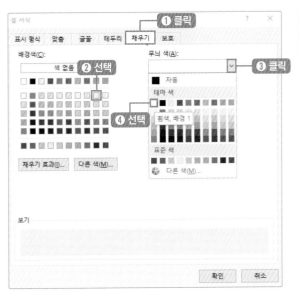 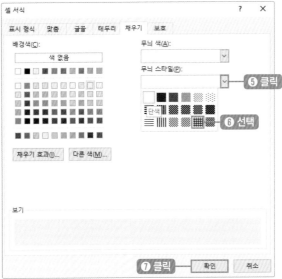

 글자 서식 및 그림 삽입하기

① [H4] 셀을 클릭하여 'ㅁ'을 입력한 후 한자 키를 눌러 '★'을 선택합니다.

※ 한글 자음(ㄱ, ㄴ, ㄷ~ㅎ)을 입력한 후 한자 키를 누르면 다양한 종류의 특수문자를 선택할 수 있습니다.

② '지구야 고마워'를 입력한 후 동일한 방법으로 특수문자 '★'을 삽입하고 Enter 키를 누릅니다.

※ 글자 입력 후 '워' 뒤를 다시 클릭하여 특수문자를 입력합니다.

③ [H4] 셀을 클릭한 후 [홈] 탭-[글꼴] 그룹에서 원하는 글꼴 서식을 선택합니다.

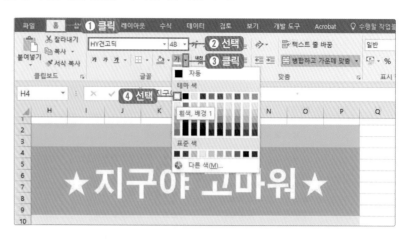

④ [삽입] 탭-[일러스트레이션] 그룹에서 [그림(📷)]을 클릭합니다. 이어서, [그림 삽입] 대화상자가 나오면 [2일차]-'지구본1.png'을 선택하고 <삽입> 단추를 클릭합니다.

⑤ 그림의 조절점(⚬)을 드래그하여 크기를 조절한 후 위치를 변경합니다.

⑦ 동일한 방법으로 완성된 이미지를 참고하여 작품을 완성합니다.

CHAPTER 02 혼자서 뚝딱 뚝딱!

📁 불러올 파일 : 2장_혼자서.xlsx 🖼 완성된 파일 : 2장_혼자서(완성).xlsx

① 2장_혼자서.xlsx 파일을 열어 아래 그림을 참고하여 완성해보세요.

❶ 제목행의 높이를 조절하고 색상을 지정해 봅니다.

❷ [B3:K21] 영역의 색상을 무늬로 채우기를 해봅니다.

❸ [B22:K22] 영역의 색상을 적용하여 봅니다.

초등학교 시간표 만들기

학습목표

- 셀에 한자와 특수문자를 입력해봅니다.
- 테두리를 적용하고, 시트 이름과 색상을 변경해봅니다.

📁 불러올 파일 : 3장.xlsx 📄 완성된 파일 : 3장(완성).xlsx

1 다음 한자를 따라서 그려보세요.

※ 회색선을 따라서 그려보세요.

2 다음 특수문자가 어울리는 이미지를 연결해보세요.

 ·　　　　　　　　　·

 ·　　　　　　　　　·

 ·　　　　　　　　　·

01 한자 입력하기

① [Excel 2016]을 실행한 후 [다른 통합 문서 열기]-[찾아보기]를 클릭합니다.

② [열기] 대화상자가 나오면 [불러올 파일]-[3장]-'3장.xlsx'를 선택한 후 <열기> 단추를 클릭하여 파일을 불러옵니다.

③ [C3] 셀을 클릭하여 '월'을 입력하고 글자 옆을 클릭한 후 **한자** 키를 누릅니다.

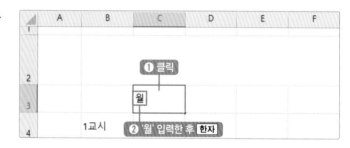

④ [한글/한자 변환] 대화상자가 나오면 '한자 선택'-'月', '입력 형태'-'한글(漢字)'를 선택한 후 <변환> 단추를 클릭합니다.

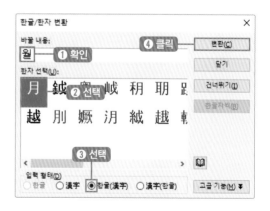

⑤ 동일한 방법으로 [D3] 셀에 '화(火)', [E3] 셀에 '수(水)', [F3] 셀에 '목(木)', [G3] 셀에 '금(金)'을 입력합니다.

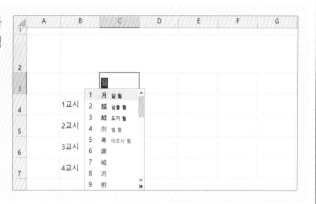
02 데이터 입력하기

① [B2] 셀을 클릭한 후 '♠ 시 간 표
♠'를 입력합니다.

※ '♠' 모양은 'ㅁ'을 입력한 후 [한자]
키를 누르면 찾을 수 있습니다.

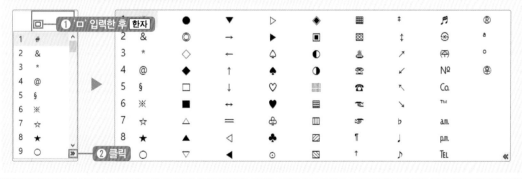
② [B8] 셀을 클릭한 후 '즐거운 점심
시간~!!'을 입력합니다.

03 글꼴 서식 변경하기

① [C3:G3] 영역을 드래그하여 범위를 지정한 후 **Ctrl** 키를 누른 채 [B4:B7]과 [B9:B10]을 드래그하고 [홈] 탭-[글꼴] 그룹에서 원하는 글꼴 서식으로 선택하고 [맞춤] 그룹에서 [가운데 맞춤(≡)]을 클릭합니다.

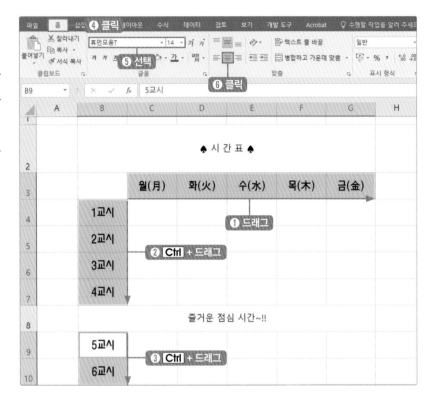

04 테두리 지정하기

① [B2:G11] 영역을 드래그하여 범위를 지정한 후 [홈] 탭-[글꼴] 그룹에서 [테두리(⊞ ▾)]의 목록 단추(▾)를 클릭하여 [모든 테두리(⊞)]를 선택합니다.

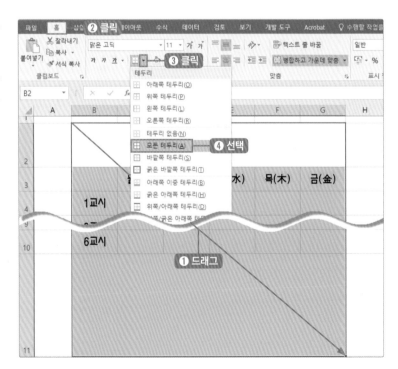

❷ 블록이 지정된 상태에서 [홈] 탭-[글꼴] 그룹에서 [테두리(⊞ ▾)]의 목록 단추(▾)를 클릭하여 [굵은 바깥쪽 테두리 (⊡)]를 선택합니다.

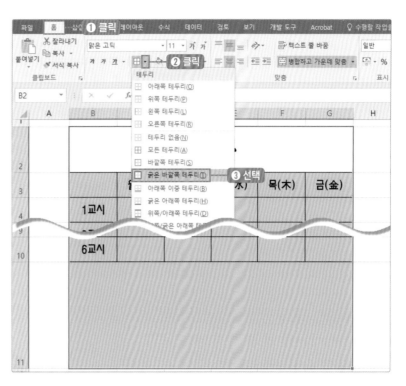

05 그림 삽입하기

❶ [B11] 셀을 클릭한 후 [삽입] 탭-[일러스트레이션] 그룹에서 [그림(🖼)]을 클릭합니다.

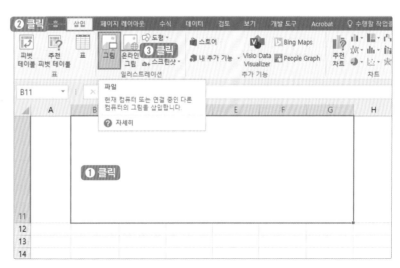

❷ [그림 삽입] 대화상자가 나오면 [불러올 파일]-[3장]-'학생들.png'을 선택한 후 <삽입> 단추를 클릭합니다.

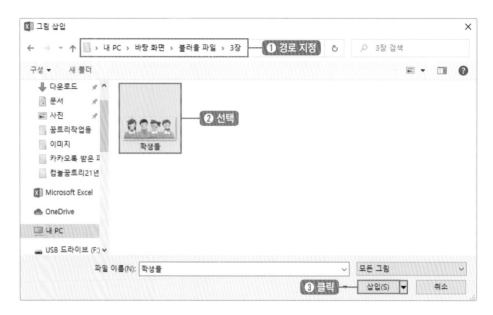

❸ 삽입된 그림을 조절점(○)을 드래그
하여 크기를 조절한 후 키보드의
방향키로 위치를 변경합니다.

---

06 시트 탭 이름 및 색상 변경하기

❶ 워크시트 하단의 [Sheet1] 시트 위에
서 마우스 오른쪽 단추를 눌러 [이름
바꾸기]를 클릭합니다.

② '시간표'를 입력한 후 **Enter** 키를 누릅니다.

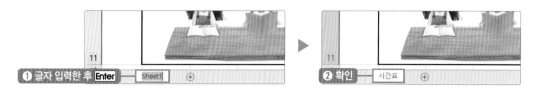

③ [시간표] 시트 위에서 마우스 오른쪽 단추를 눌러 [탭 색]을 클릭한 후 원하는 색상을 선택합니다.

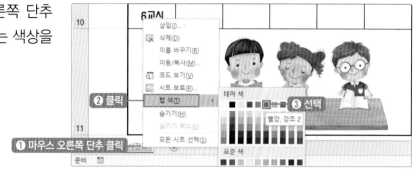

④ 나머지 셀들은 본인이 원하는 채우기 색과 글꼴 서식을 이용하여 이쁜 시간표를 완성해 봅니다.

CHAPTER 03 혼자서 뚝딱 뚝딱!

📁 불러올 파일 : 3장_혼자서.xlsx   💾 완성된 파일 : 3장_혼자서(완성).xlsx

① 3장_혼자서.xlsx 파일을 열어 아래 그림을 참고하여 완성해보세요.

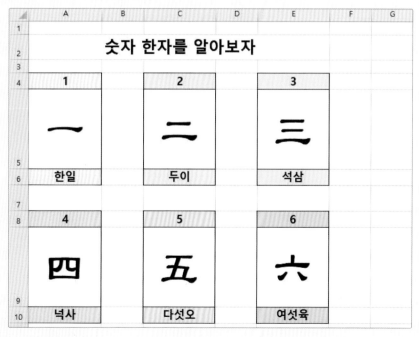

❶ 한자를 변환하고 글자 크기를 조정해봅니다.

❷ 테두리를 적용해봅니다.

CHAPTER 04

달력 만들기

학습목표

- 자동 채우기 핸들을 이용하여 요일과 날짜를 입력해봅니다.
- 셀에 메모를 입력해봅니다.

📁 불러올 파일 : 4장.xlsx 📄 완성된 파일 : 4장(완성).xlsx

1 내 생일을 적어보세요.

※ 회색 동그라미 안에 숫자를 써보세요.

2 5월에 있는 기념일을 적어보세요.

01 자동 채우기 핸들

① [Excel 2016]을 실행한 후 [다른 통합 문서 열기]-[찾아보기]를 클릭합니다.

② [열기] 대화상자가 나오면 [불러올 파일]-[4장]-'4장.xlsx'를 선택한 후 <열기> 단추를 클릭하여 파일을 불러옵니다.

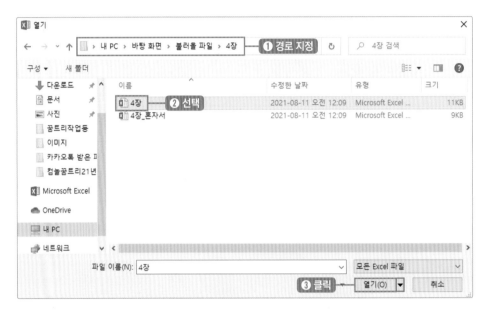

③ [B3] 셀을 클릭하고 '일'을 입력합니다. 이어서, [B3] 셀의 채우기 핸들(➕)을 [H3] 셀까지 드래그 합니다.

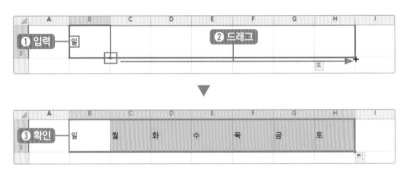

④ [B4] 셀을 클릭하고 '1'을 입력합니다. 이어서, **Ctrl** 키를 누른 채 [B4] 셀의 채우기 핸들(➕)을 [H4] 셀까지 드래그 합니다.

　※ **Ctrl** 키를 누른 채 채우기 핸들을 드래그하면 숫자가 1씩 증가하면서 입력됩니다.

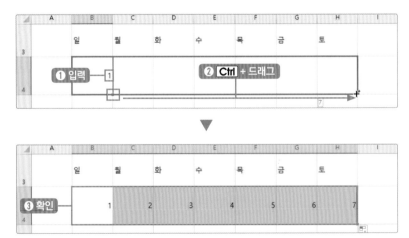

⑤ 똑같은 방법으로 나머지 8일 ~ 31일까지 자동 채우기 핸들을 이용하여 날짜를 입력합니다.

02 워드아트 만들기

① [삽입] 탭-[텍스트] 그룹에서 [WordArt( )]를 클릭하여 [채우기 – 흰색, 윤곽선 – 강조 1, 그림자]를 선택합니다.

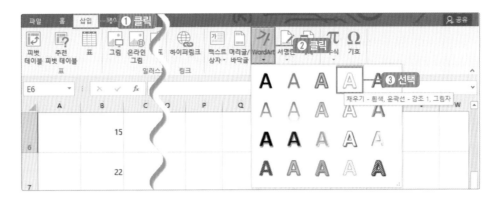

② 아래 그림과 같이 '필요한 내용을 적으십시오.'라는 문구가 표시되면 '5월'을 입력한 후 테두리 선을 클릭 합니다.

③ [홈] 탭-[글꼴] 그룹에서 원하는 글꼴 서식을 선택합니다.

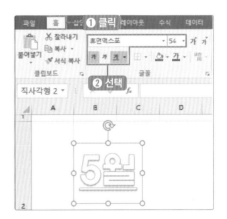

④ [그리기 도구]-[서식] 탭-[WordArt 스타일] 그룹에서 [텍스트 효과]를 클릭하여 [변환]-[위쪽 팽창]을 선택합니다.

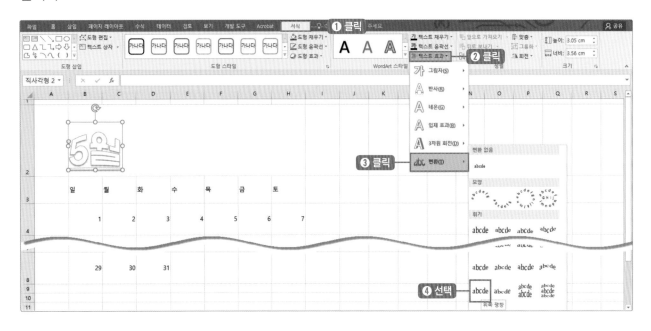

⑤ '5월'의 조절점(○)을 드래그하여 크기를 조절한 후 테두리를 드래그하여 위치를 변경합니다.

※ 워드아트에 변환 효과를 적용하면 도형이나 그림처럼 조절점(○)을 드래그하여 크기를 조절할 수 있습니다.

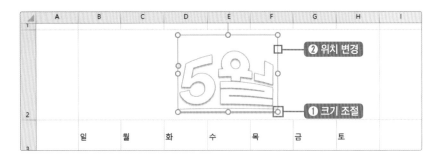

03 테두리 적용하기

① [B4:H4] 영역을 드래그하여 범위를 지정한 후 **Ctrl** 키를 누른 채 [B5:H5], [B6:H6], [B7:H7], [B8:H8]을 차례대로 드래그 합니다.

※ [B4:H8] 영역을 한 번에 범위를 지정을 하면 [B8:H8] 영역 아래에만 선이 표시됩니다.

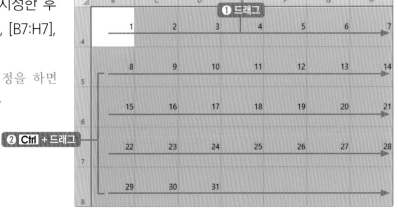

② [홈] 탭-[글꼴] 그룹에서 [테두리(▦ ▾)]의 목록 단추(▾)를 클릭한 후 [선 색]에서 원하는 색상을 선택합니다.

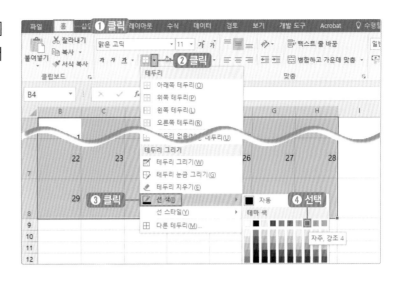

③ 마우스 커서가 펜 모양(✎)으로 변경되면 [홈] 탭-[글꼴] 그룹에서 [테두리(▦ ▾)]의 목록 단추(▾)를 클릭한 후 [굵은 아래쪽 테두리(▦)]를 선택합니다.

※ 지정한 범위의 셀 아래쪽에 굵은 테두리가 적용됩니다.

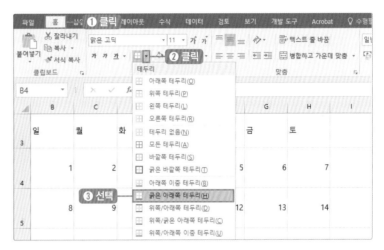

04 글꼴 서식 변경하기

① [B3:H8] 영역을 드래그하여 범위를 지정한 후 [홈] 탭-[글꼴] 그룹에서 원하는 글꼴 서식으로 선택합니다.

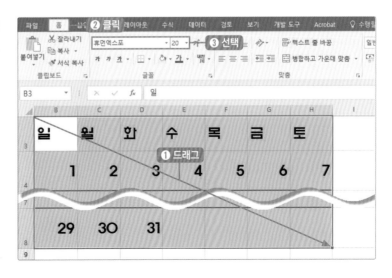

② [B4:H8] 영역을 드래그하여 범위를 지정한 후 [홈] 탭-[맞춤] 그룹에서 [위쪽 맞춤(≡)]을 클릭합니다.

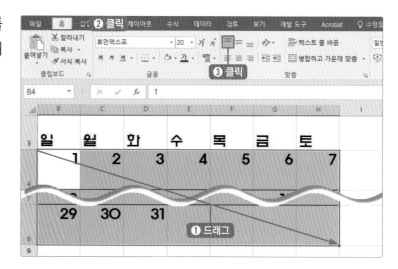

③ [B3:H3] 영역을 드래그하여 범위를 지정한 후 [홈] 탭-[맞춤] 그룹에서 [가운데 맞춤(≡)]을 클릭합니다.

※ 지정한 범위의 내용(요일)이 셀의 가운데로 정렬됩니다.

05 메모 입력하기

① [F4] 셀 위에서 마우스 오른쪽 단추를 눌러 [메모 삽입(🗨)]을 클릭합니다.

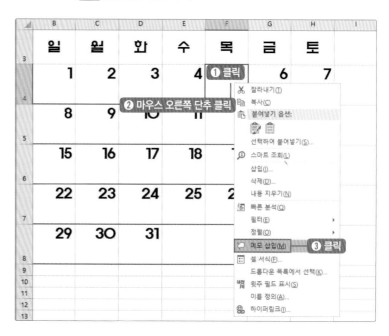

❷ 메모의 내용을 드래그하여 블록를 잡은 상태에서 '5월 5일 어린이날'을 입력한 후 특정 셀을 클릭합니다.

※ 메모를 삽입했을 때 첫 줄에 입력 되어있는 내용은 컴퓨터 환경에 따라 다르게 나올 수 있습니다.

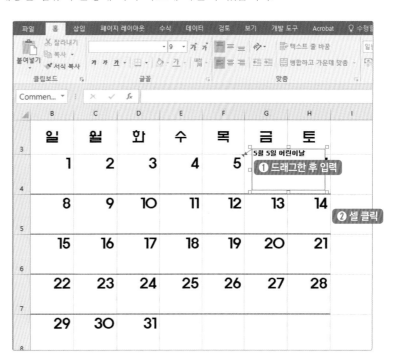

❸ [F4] 셀에서 마우스 오른쪽 단추를 눌러 [메모 표시/숨기기]를 클릭합니다. 이어서, 메모를 클릭하고 조절점
(○)을 드래그하여 메모 내용에 맞게 크기를 조절합니다.

❹ 나머지 메모도 동일한 방법으로 [B5] 셀에 '5월 8일 어버이날', [B6] 셀에 '5월 15일 스승의 날'을 입력합
니다.

※ 메모를 삽입된 셀의 오른쪽 상단에는 빨간 점(◣)이 표시됩니다.

❺ 앞에서 배운 내용을 활용하여 본인이 원하는 달력을 완성해보세요.

⑥ 눈금선을 해제하기 위해 [보기] 탭-[표시] 그룹에서 [눈금선]의 체크를 해제합니다.

혼자서 뚝딱 뚝딱!

📁 불러올 파일 : 4장_혼자서.xlsx 🖼 완성된 파일 : 4장_혼자서(완성).xlsx

1 4장_혼자서.xlsx 파일을 열어 아래 그림을 참고하여 완성해보세요.

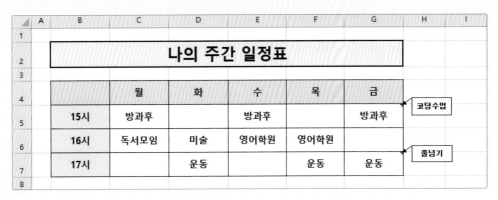

❶ 채우기 핸들을 이용하여 요일과 시간을 완성해봅니다.

❷ 메모를 표시해봅니다.

CHAPTER 05

방과 후 수업 선호도 조사

학 습 목 표

● 도형을 이용하여 제목을 입력해봅니다.
● 표 서식을 지정한 후 텍스트 정렬 및 자동필터를 적용해봅니다.

📁 불러올 파일 : 5장.xlsx 💾 완성된 파일 : 5장(완성).xlsx

배운 내용 미리보기!

1 내가 좋아하는 관심분야를 체크박스에 표시해보세요.

※ 만약 관심분야 그림이 없다면 직접 글로 써보세요.

☐ 컴퓨터 ☐ 댄스 ☐ 드론

☐ 방송하기 ☐ 동물 ☐ 독서

☐ 음악 ☐ 만화 (직접 써보기 :   )

2 다음 그림을 보고 그룹별로 번호를 표시하세요.

예 고양이는 1번 그룹으로 그림의 고양이를 찾아서 동그라미표시와 번호를 적어보세요.

① [Excel 2016]을 실행한 후 [다른 통합 문서 열기]–[찾아보기]를 클릭합니다.

② [열기] 대화상자가 나오면 [불러올 파일]–[5장]–'5장.xlsx'을 선택한 후 <열기> 단추를 클릭하여 파일을 불러옵니다.

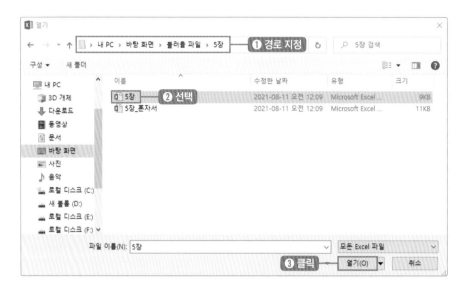

③ [B2] 셀을 클릭한 후 [삽입] 탭–[일러스트레이션] 그룹에서 [그림 ()]을 클릭합니다.

④ [그림 삽입] 대화상자가 나오면 [불러올 파일]–[5장]–'물음표.png'을 선택한 후 <삽입> 단추를 클릭합니다.

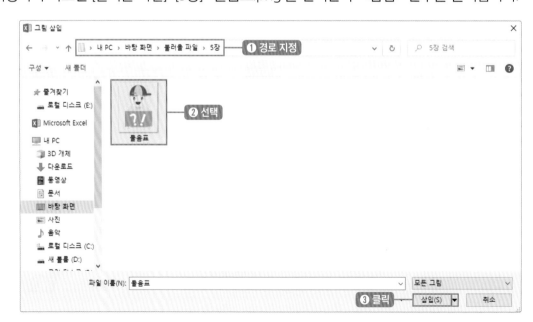

❺ 그림이 삽입되면 조절점(◯)을 드래그하여 크기를 조절한 후 그림과 같이 위치를 변경합니다.

※ Alt 키를 누른 채 드래그하면 셀에 맞춰 조절하기 편리합니다.

❻ [삽입] 탭-[일러스트레이션] 그룹에서 [도형]을 클릭하여 [설명선]-[사각형 설명선]을 선택합니다.

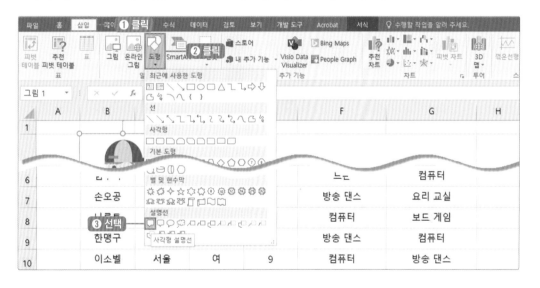

❼ 마우스 커서가 십자가 모양(+)으로 변경되면 아래 그림과 같이 드래그하여 도형을 삽입합니다.

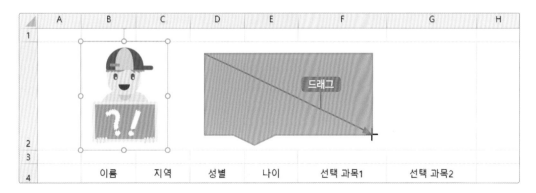

⑧ 조절점(○)을 드래그하여 크기를 조절한 후 그림과 같이 위치를 변경합니다. 이어서, 도형 아래쪽의 노란 색 조절점(○)을 남학생 그림으로 드래그하여 모양을 변경합니다.

⑨ [서식] 탭-[도형 스타일] 그룹에서 자세히 단추(▾)를 클릭하여 [테마 스타일]-[색 윤곽선 – 주황, 강조 6] 을 선택합니다.

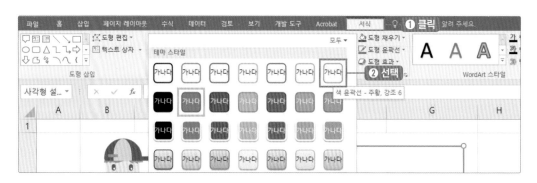

⑩ 도형의 스타일이 변경되면 도형이 선택된 상태에서 '초등학교 방과 후 선호도 조사'를 입력합니다.

※ 도형 안에 글자를 입력 후 Enter 키를 누르면 다음 줄로 이동합니다.

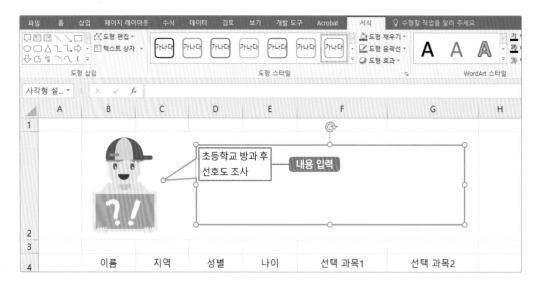

⑪ 도형의 테두리를 클릭한 후 [홈] 탭-[글꼴] 그룹에서 원하는 글꼴 서식으로 선택하고 [홈] 탭-[맞춤] 그룹에서 가로·세로 모두 [가운데 맞춤]을 클릭합니다.

※ 글자 크기를 변경하였을 때 도형이 작으면 글자가 안보이는 경우가 있습니다. 이때는 도형의 크기를 변경하면 글자가 보이게 됩니다.

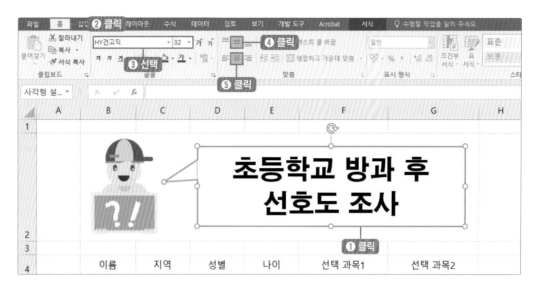

02 표 서식 지정

① [B4:G14]를 드래그하여 범위를 지정합니다.

② [홈] 탭-[스타일] 그룹에서 [표 서식]을 클릭하여 [밝게]-[표 스타일 밝게 14]를 선택합니다.

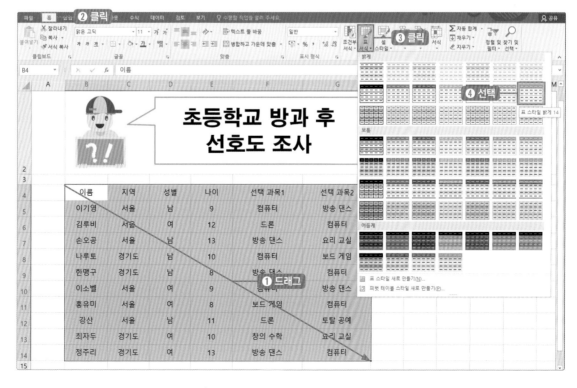

③ [표 서식] 대화상자가 나오면 <확인> 단추를 클릭합니다.

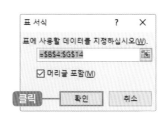

03 글꼴 서식 변경하기

① [B4:G14] 영역을 드래그하여 범위를 지정한 후 [홈] 탭-[글꼴] 그룹에서 원하는 글꼴 서식을 선택합니다.

② [B4:G4] 영역을 드래그하여 범위를 지정한 후 [홈] 탭-[글꼴] 그룹에서 원하는 글꼴 서식을 선택합니다.

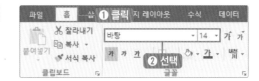

04 텍스트 정렬 및 자동 필터

① [B4] 셀의 필터 목록 단추(▾)를 클릭하여 [텍스트 오름차순 정렬(⬆↓)]을 선택합니다.

TIP 정렬

정렬이란, 데이터를 순서대로 재배열하는 기능으로 '텍스트 오름차순'과 '텍스트 내림차순'으로 구분할 수 있습니다. 정렬은 [데이터] 탭-[정렬 및 필터] 그룹에서 지정할 수 있습니다.

❶ 텍스트 오름차순 정렬 : 작은 것부터 큰 순서대로 정렬

　예) 숫자(1 → 100), 한글(ㄱ → ㅎ), 영문(A → Z)

❷ 텍스트 내림차순 정렬 : 큰 것부터 작은 순서대로 정렬

　예) 숫자(100 → 1), 한글(ㅎ → ㄱ), 영문(Z → A)

❷ [F4] 셀의 필터 목록 단추(▾)를 클릭하여 [모두 선택]의 체크를 해제합니다. 이어서, [컴퓨터]를 체크한 후 <확인> 단추를 클릭합니다.

※ 자동 필터가 지정되면 필터 목록 단추가 ▼ 모양으로 변경됩니다. 또한 행 머리글의 색상이 변경됩니다.

CHAPTER 05 **혼자서 뚝딱 뚝딱!**

📂 불러올 파일 : 5장_혼자서.xlsx 📄 완성된 파일 : 5장_혼자서(완성).xlsx

① 5장_혼자서.xlsx 파일을 열어 아래 그림을 참고하여 완성해보세요.

	A	B	C	D	E
1			아소초등학교 운동기록평가		
3	이름 ▾	반 ▾	줄넘기 ▾	50M달리기 ▾	공던지기 ▾
4	이예준	1반	81	10.2	12.5
7	지현우	1반	52	12.1	9.5
8	이슬기	1반	63	13.5	7.8
11	한재원	1반	43	12.7	10.8

1반 운동기록평가

❶ 자동 필터를 이용하여 '1반'의 데이터를 표시합니다.

❷ 도형을 만들어 글자입력 및 도형 스타일을 적용해봅니다.

CHAPTER 06
햄버거 판매현황을 자동 계산하기

학습목표

● 자동 합계 기능을 이용하여 합계, 평균, 최대값, 최소값을 계산해봅니다.

● 표시 형식의 사용자 지정을 셀에 적용하고, 조건부 서식을 지정해봅니다.

📁 불러올 파일 : 6장.xlsx 📊 완성된 파일 : 6장(완성).xlsx

배운 내용 미리보기!

나는야 판매왕!!!

4호점 판매 수량이 제일 많다.

조건에 따른 서식을 자동으로 변경할 수 있어요.

쉽게 값을 볼수 있네~

아소햄버거 판매현황

제품명	1호점 판매 수량	2호점 판매 수량	3호점 판매 수량	4호점 판매 수량
와규오리지널	25개	10개	13개	18개
콰트로치즈와퍼	20개	18개	22개	25개
햄치즈휠렛	28개	35개	27개	38개
핫크리스피	18개	22개	21개	27개
빅맥	29개	35개	30개	30개
디럭스슈림프	35개	17개	20개	25개
유러피안	18개	22개	15개	20개
판매된 햄버거의 합계 수량	173개	159개	148개	183개
판매된 햄버거의 평균 수량	25개	23개	21개	26개
판매된 햄버거의 최대 수량	35개	35개	30개	38개
판매된 햄버거의 최소 수량	18개	10개	13개	18개

☐ 다음 계산결과를 보고 박스에 들어가는 숫자 또는 연산자를 쓰세요.

※ 연산자는 더하기, 빼기, 곱하기, 나누기

$$12 \boxed{} 5 = 7 \qquad 22 \boxed{} 2 = 11$$

$$11 \boxed{} 3 = 14 \qquad 1 \boxed{} + 5 = 17$$

$$17 \boxed{} 2 = 34 \qquad \boxed{} 7 - 8 = 19$$

 데이터 입력하고 색상 변경하기

① [Excel 2016]을 실행한 후 [다른 통합 문서 열기]-[찾아보기]를 클릭합니다.

② [열기] 대화상자가 나오면 [불러올 파일]-[6장]-'6장.xlsx'을 선택한 후 <열기> 단추를 클릭하여 파일을 불러옵니다.

③ [C4] 셀을 클릭한 후 '1호점'을 입력하고 **Alt** + **Enter** 키를 눌러 '판매 수량' 입력합니다. 이어서, **Enter** 키를 누릅니다.

	A	B	C	D	E	F	G
4		제품명 **① 클릭**	1호점 판매 수량 **② 입력한 후 Alt + Enter**				
5		와규오리지널	**③ 입력한 후 Enter**	10	13	18	
6		콰트로치즈와퍼	20	18	22	25	
7		햄치즈휠렛	28	35	27	38	

④ 동일한 방법으로 [D4], [E4], [F4] 셀에도 내용을 입력합니다.

	A	B	C	D	E	F	G
4		제품명	1호점 판매 수량	2호점 판매 수량	3호점 판매 수량	4호점 판매 수량	**입력**
5		와규오리지널	25	10	13	18	
6		콰트로치즈와퍼	20	18	22	25	
7		햄치즈휠렛	28	35	27	38	

TIP 셀에 데이터 입력 및 수정하는 방법

❶ 데이터 입력한 후 **Enter** : 입력된 데이터의 아래쪽 셀로 이동합니다.

❷ 데이터 입력한 후 **Alt** + **Enter** : 입력된 데이터의 다음 줄로 이동합니다. 한 셀에 두 줄 이상의 데이터를 입력할 때 사용합니다.

❸ 데이터가 있는 셀을 클릭한 후 **F2** : 셀 안의 데이터를 수정할 수 있습니다.

⑤ [B4:F4] 영역을 드래그하여 범위를 지정한 후 **Ctrl** 키를 누른 채 [B12:B15] 영역을 드래그 합니다.

	A	B	C	D	E	F
4		제품명	1호점 판매 수량	2호점 판매 수량	3호점 판매 수량	4호점 판매 수량
5		와규오리지널	25	10 **① 드래그** 13		18
6		콰트로치즈와퍼	20	18	22	25
9		햄치즈	28			38
10		디럭스슈림프	35	17	20	25
11		유러피안	18	22	15	20
12		판매된 햄버거의 합계 수량				
13		판매된 햄버거의 평균 수량 **② Ctrl + 드래그**				
14		판매된 햄버거의 최대 수량				
15		판매된 햄버거의 최소 수량				

⑥ [홈] 탭-[글꼴] 그룹에서 [채우기 색( )]의 목록 단추( )를 클릭하여 원하는 색상을 선택합니다.

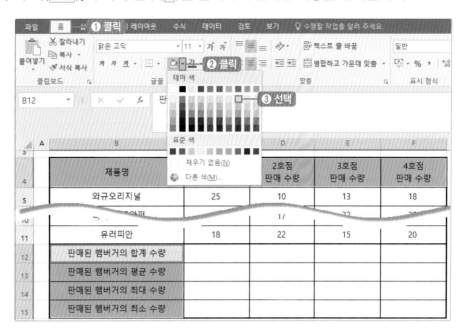

02 자동 계산하기

① [C5:F11] 영역을 드래그하여 범위를 지정하고 [수식] 탭-[함수 라이브러리] 그룹에서 [자동 합계(Σ)]의
목록 단추( )를 클릭하여 [합계]를 선택합니다.

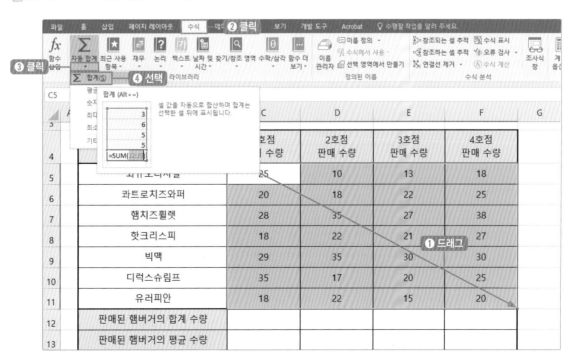

② 동일한 방법으로 [수식] 탭-[함수 라이브러리] 그룹에서 [자동 합계(∑)]의 목록 단추(▾)를 클릭하여 [평균], [최대], [최소]를 선택해서 자동으로 계산해줍니다.

	제품명	1호점 판매 수량	2호점 판매 수량	3호점 판매 수량	4호점 판매 수량
5	와규오리지널	25	10	13	18
6	콰트로치즈와퍼	20	18	22	25
7	햄치즈휠렛	28	35	27	38
8	핫크리스피	18	22		27
9	빅맥	29	35	30	30
10	디럭스슈림프	35	17	20	25
11	유러피안	18	22	15	20
12	판매된 햄버거의 합계 수량	173	159	148	183
13	판매된 햄버거의 평균 수량	25	23	21	26
14	판매된 햄버거의 최대 수량	35	35	30	38
15	판매된 햄버거의 최소 수량	18	10	13	18

❶ 드래그

❷ 계산하

03 셀 서식 지정하기

① [C5:F15] 영역을 드래그하여 범위를 지정한 후 범위 위에서 마우스 오른쪽 단추를 눌러 [셀 서식]을 클릭합니다.

※ Ctrl + 1 키를 눌러도 [셀 서식] 대화상자를 불러올 수 있습니다.

	제품명	1호점 판매			4호점 판매 수량
5	와규오리지널	25		13	18
6	콰트로치즈와퍼	20		22	25
7	햄치즈휠렛	28		27	38
8	핫크리스피	18		21	27
9	빅맥	29		30	30
10	디럭스슈림프	35		20	25
11	유러피안	18		15	20
12	판매된 햄버거의 합계 수량	173		48	183
13	판매된 햄버거의 평균 수량	25		21	26
14	판매된 햄버거의 최대 수량	35		30	38
15	판매된 햄버거의 최소 수량	18		13	18

❷ 마우스 오른쪽 단추 클릭

맑은 고딕 ▾ 11 ▾ 가 가 ▾ % , ▦
가 가 三 ▾ 가 ▾ ▦ ▾ ←.0 .00 ✎

✂ 잘라내기(T)
▤ 복사(C)
▥ 붙여넣기 옵션:
📋 📋
선택하여 붙여넣기(S)...
🔍 스마트 조회(L)
삽입(I)...
삭제(D)...
내용 지우기(N)
▦ 빠른 분석(Q)
필터(E) ▸
정렬(O) ▸
💬 메모 삽입(M)
▦ 셀 서식(F)... ── ❸ 클릭
드롭다운 목록에서 선택(K)...

❶ 드래그

❷ [셀 서식] 대화상자가 나오면 [표시 형식]-[사용자 지정]을 클릭하여 [형식]에서 '#,##0"개"'를 입력하고 <확인> 단추를 클릭합니다.

❸ 셀 서식이 적용된 내용을 확인합니다.

04 조건부 서식 지정하기

❶ [C5:F11] 영역을 드래그하여 범위를 지정한 후 [홈] 탭-[스타일] 그룹에서 조건부 서식()을 클릭하여 [새 규칙]을 선택합니다.

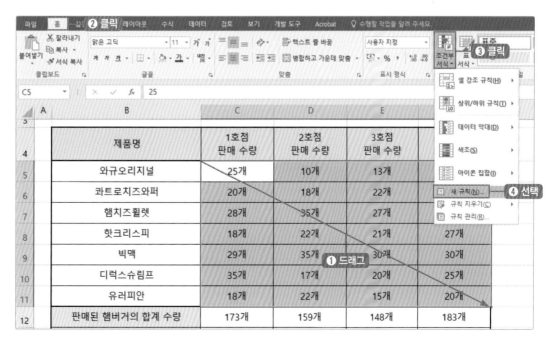

❷ [새 서식 규칙] 대화상자가 나오면 [상위 또는 하위 값만 서식 지정]을 클릭한 후 입력 칸에 '5'를 입력하고 <서식> 단추를 클릭합니다.

※ [C5:F11] 영역 범위 중에서 상위 5개의 값들만 서식을 지정하는 규칙입니다.

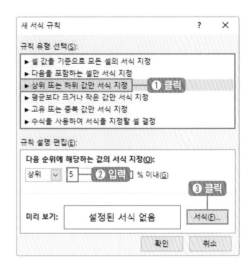

❸ [셀 서식] 대화상자가 나오면 [채우기]-[배경색]에서 원하는 색상을 선택하고 <확인> 단추를 클릭합니다.

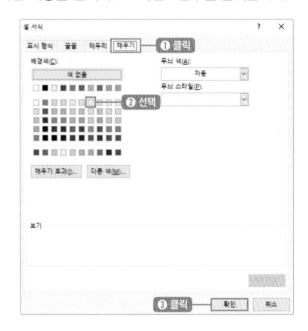

❹ [새 서식 규칙] 대화상자가 나오면 <확인> 단추를 클릭합니다.

❺ 조건에 맞는 셀에 색상이 적용된 것을 확인합니다.

※ 상위 5개 값이 셀 서식이 적용되어야 하지만 같은 점수에 대해서는 1개의 값으로 적용이 됩니다.

📂 불러올 파일 : 6장_혼자서.xlsx 💾 완성된 파일 : 6장_혼자서(완성).xlsx

① 6장_혼자서.xlsx 파일을 열어 아래 그림을 참고하여 완성해보세요.

이름	줄넘기	50M 달리기	공던지기
		우린반 운동기록평가	
이예준	81회	10.2	12.5
한소연	74회	9.8	13.4
오태석	86회	10.3	10.3
지현우	52회	12.1	9.5
이슬기	63회	13.5	7.8
조서영	77회	14.2	13.2
최현욱	89회	12.8	14.1
최대값	89회	14.2	14.1
최소값	52회	9.8	7.8

❶ 최대값, 최소값을 구하고 [C3] 셀은 글자를 2줄로 표시합니다.

❷ [B4:B12] 영역의 셀 서식을 "회"가 입력되도록 적용 해봅니다.

❸ [D4:D10] 영역의 조건부서식을 이용하여 상위 3 항목의 셀을 변경합니다.

CHAPTER 07

키가 얼만큼 자랐을까요?

학습목표

- 데이터를 입력한 후 차트를 삽입해봅니다.
- 새로운 시트에 차트를 이동한 후 차트의 서식을 변경해봅니다.

📁 불러올 파일 : 없음　💾 완성된 파일 : 7장(완성).xlsx

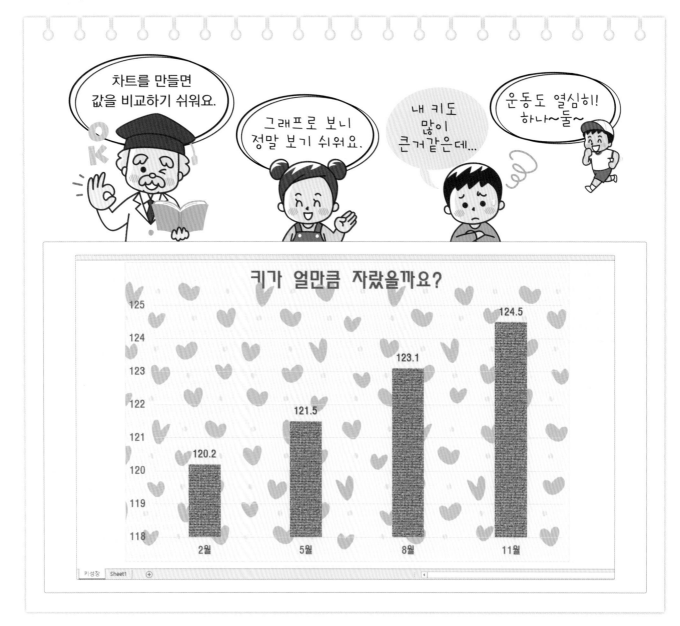

1 나의 키를 알아보아요.

※ 남학생은 남학생 그림에 표시하고 여학생은 여학생 그림에 표시하세요.

(cm)

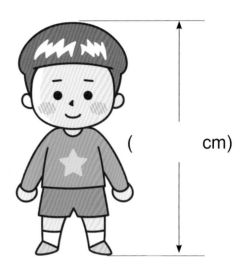

(cm)

2 그림을 보고 운동을 하기에 알맞은 장소를 연결하세요.

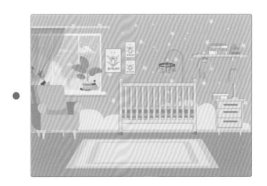

01 데이터 입력 및 색상 변경하기

① [Excel 2016]을 실행한 후 [Sheet1] 시트에 차트를 만들 데이터를 입력합니다.

※ 데이터를 입력한 후 Enter 키를 누르면 아래쪽 셀로 이동합니다.

	A	B	C
1		키	
2	2월	120.2	
3	5월	121.5	
4	8월	123.1	
5	11월	124.5	
6			

내용 입력

TIP 차트의 필요성

데이터로 작성한 표는 한 눈에 내용을 알아보기가 어렵습니다. 차트를 작성하면 어떤 값이 크고 작은지 시각적으로 더 빠르고 쉽게 파악할 수 있습니다.

02 차트 삽입하기

① [A1:B5] 영역을 드래그하여 범위를 지정합니다.

② [삽입] 탭-[차트] 그룹에서 [세로 또는 가로 막대형 차트 삽입(▌▌ ▼)]을 클릭하여 [2차원 세로 막대형]-[묶은 세로 막대형(▦)]을 선택합니다.

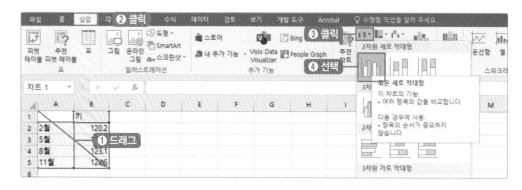

③ 삽입된 차트 위에서 마우스 오른쪽 단추를 눌러 [차트 이동]을 클릭합니다.

※ 마우스 오른쪽 단추 클릭 시 차트 안쪽의 아무 것도 없는 빈 공간 또는 차트 테두리 위에서 작업합니다.

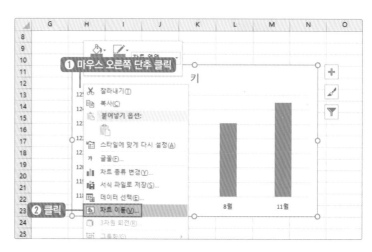

④ [차트 이동] 대화상자가 나오면 [새 시트]를 선택한 후 입력 칸에 '키성장'을 입력합니다. 이어서, <확인> 단추를 클릭 합니다.

03 차트 레이아웃 및 서식 변경하기

① [디자인] 탭-[차트 레이아웃] 그룹에서 [빠른 레이아웃(📊)] 을 클릭하여 [레이아웃 5]를 선택합니다.

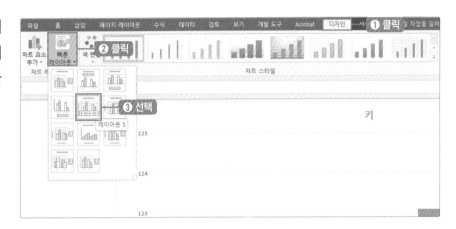

② 차트의 제목 '키'를 한 번 클릭한 후 내용을 드래그하여 블록으로 지정합니다. 이어서, '키가 얼만큼 자랐을까요?' 를 입력합니다.

③ 차트의 테두리 위에서 마우스 오른쪽 단추를 눌러 [차트 영역 서식]을 클릭합니다.

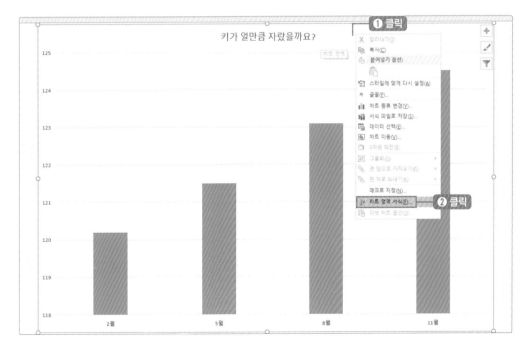

④ [차트 영영 서식]–[차트 옵션]–[채우기]–[채우기]에서 [그림 또는 질감 채우기]를 선택하여 <파일> 단추를 클릭합니다.

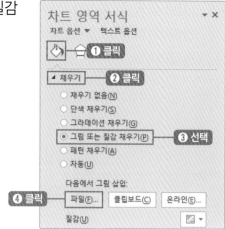

⑤ [그림 삽입] 대화상자가 나오면 [불러올 파일]–[7장]–'패턴.png'을 선택한 후 <삽입> 단추를 클릭합니다.

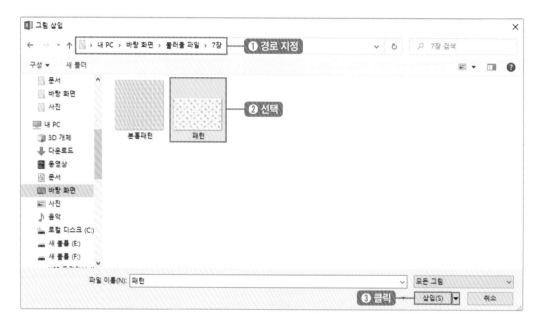

⑥ '11월' 차트 계열 위에서 마우스 오른쪽 단추를 눌러 [데이터 계열 서식]을 클릭합니다.

※ 계열을 한 번만 클릭하면 모든 계열이 선택됩니다.

❼ [데이터 계열 서식]-[계열 옵션]-[채우기]-[채우기]에서 [그림 또는
질감 채우기]를 선택하여 [질감]을 클릭한 후 [데님]을 선택합니다.

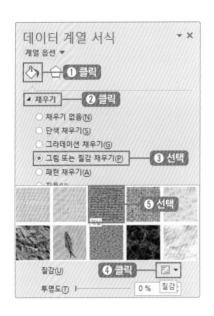

❽ '11월'의 차트 계열 위에서 마우스 오른쪽 단추를 눌러 [데이터 레이블 추가]-[데이터 레이블 추가]를
클릭합니다.
※ 데이터 레이블이란 차트 계열의 수치를 나타내는 기능입니다.

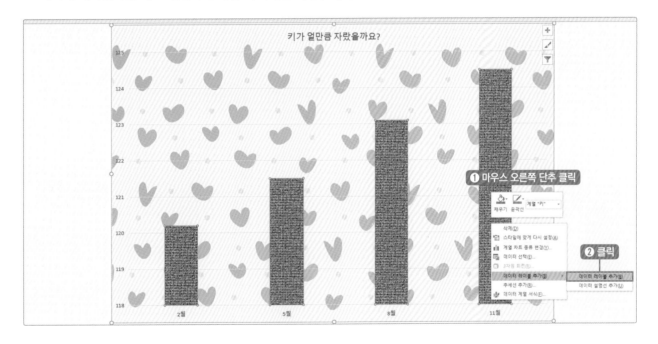

⑨ 원하는 글꼴 서식을 적용하여 작품을 완성합니다.

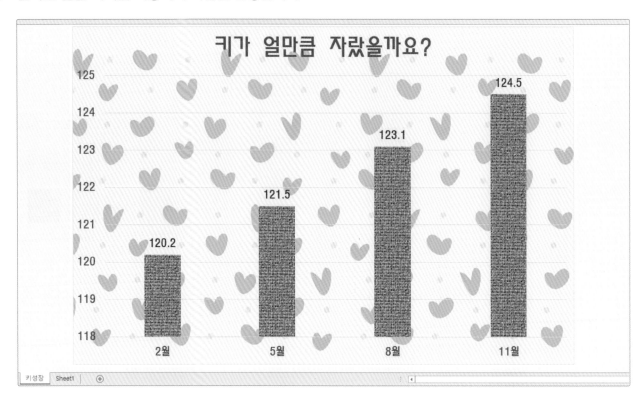

📁 불러올 파일 : 7장_혼자서.xlsx 💾 완성된 파일 : 7장_혼자서(완성).xlsx

1 7장_혼자서.xlsx 파일을 열어 아래 그림을 참고하여 완성해보세요.

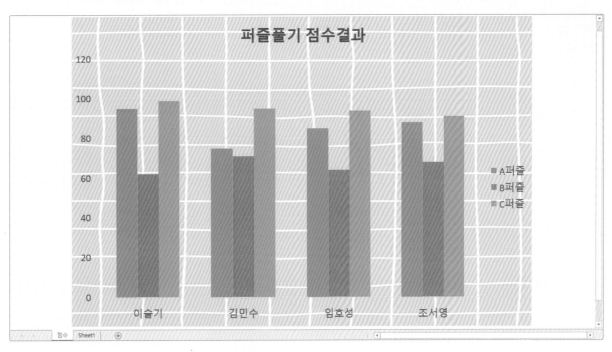

❶ 차트를 만들고 '레이아웃 1'로 적용합니다.

❷ 차트 영역의 채우기는 '분홍패턴.jpg'으로 적용합니다.

단원 종합 평가 문제

학 습 목 표

- 1장~7장에서 배운 내용을 평가해봅니다.

1 다음 워크시트에서 선택된 셀의 주소는 무엇인가요?

❶ [B3]　　　　　　❷ [B3:D5]

❸ [B1:D2]　　　　　❹ [C4]

2 한자 또는 특수문자를 입력할 때 사용하는 키는 무엇인가요?

❶ Ctrl　　　　❷ 한/영　　　　❸ 한자　　　　❹ Shift

3 여러 개의 셀을 하나로 합칠 때 필요한 아이콘은 무엇인가요?

❶　　　　　　❷　　　　　　❸ 가　　　　　❹

4 채우기 핸들 위에서 Ctrl 키를 눌렀을 때 마우스 커서의 모양은 무엇인가요?

❶　　　　　　❷ I　　　　　　❸　　　　　❹

5 [A1] 셀에 '월'을 입력한 후 채우기 핸들을 [B1] 셀까지 드래그 할 경우 [B1] 셀에 표시되는 값은 무엇인가요?

❶ 월　　　　❷ 화

❸ 수　　　　❹ 목

6 [A1] 셀에 '1'을 입력한 후 Ctrl 키를 누른 채 채우기 핸들을 [B1] 셀까지 드래그 할 경우 [B1] 셀에 표시되는 값은 무엇인가요?

❶ 1　　　　❷ 2

❸ 3　　　　❹ 4

7 엑셀 2016의 [홈] 탭에 없는 기능은 무엇인가요?

❶ 글꼴 색　　　　❷ 채우기 색　　　　❸ 조건부 서식　　　　❹ 그림

8 다음 워드아트에 적용된 효과는 무엇인가요?

① 변환 　　　　 ② 네온

③ 3차원 회전 　　 ④ 반사

9 자동 합계를 실행할 때 사용하는 도구는 무엇인가요?

① ∑ 　　　 ② 🎨▾ 　　　 ③ 🔺 　　　 ④ ☰

10 차트의 구성 요소에 해당하지 않는 것은 무엇인가요?

① 범례 　　　 ② 제목 　　　 ③ 데이터 레이블 　　　 ④ 자동필터

11 비연속적으로 두 개 이상의 셀을 한 번에 선택하는 방법은 무엇인가요?

① **Ctrl** + 클릭 　② **Alt** + 클릭 　③ **Shift** + 클릭 　④ **Enter** + 클릭

12 셀 안에서 줄을 바꿀 때 누르는 키는 무엇인가요?

① **Ctrl** + **1** 　② **Alt** + **S** 　③ **Ctrl** + **V** 　④ **Alt** + **Enter**

13 다음에서 사용되지 않은 기능은 무엇인가요?

① 메모 삽입

② 병합하고 가운데 맞춤

③ 채우기 색

④ 시트 이름 변경

CHAPTER 09

눈 사람 퍼즐과 사과 캐릭터 만들기

학습목표

● 셀을 병합하여 제목을 입력하고 퍼즐도 맞춰봅니다.
● 도형을 이용하여 사과 캐릭터도 만들어봅니다.

📁 불러올 파일 : 9장.xlsx   📄 완성된 파일 : 9장(완성).xlsx

▲ [눈사람] 시트

▼ [사과]시트

1 아래 그림은 오른쪽 이미지가 떨어졌어요. 이미지를 붙이기 위한 명령을 번호 순서를 빈 칸에 적어보세요.(번호 순서는 전체 칸을 다 채우실 필요가 없습니다.)

※ ① 시계 방향으로 90도 회전(오른쪽 회전)　　② 반시계 방향으로 90도 회전(왼쪽 회전)
　　③ 좌우 반전(뒤집기)　　④ 시계 방향으로 180도 회전

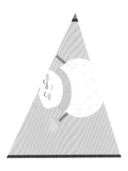

정답 입력 | | | | | |
|---|---|---|---|---|

01 퍼즐 맞추기

① [Excel 2016]을 실행한 후 [다른 통합 문서 열기]-[찾아보기]를 클릭합니다.

② [열기] 대화상자가 나오면 [불러올 파일]-[9장]-'9장.xlsx'를 선택한 후 <열기> 단추를 클릭하여 파일을 불러옵니다.

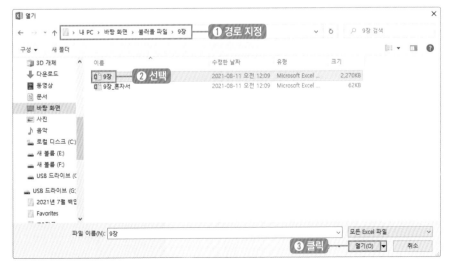

③ 오른쪽 상단의 퍼즐 조각을 클릭하고 왼쪽 표 안에 드래그하여 배치합니다.

※ **Alt** 키를 누른 채 드래그하면 셀에 맞춰 퍼즐 조각이 이동합니다.

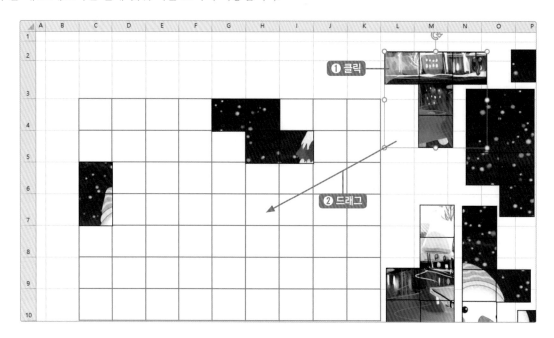

④ 동일한 방법으로 완성된 이미지를 참고하여 나머지 퍼즐을 완성합니다.

※ 퍼즐의 크기를 조절하지 않습니다.

⑤ [C3] 셀부터 [K3] 셀까지 드래그한 후 [홈] 탭-[맞춤] 그룹에서 [병합하고 가운데 맞춤(🖽)]을 클릭합니다.

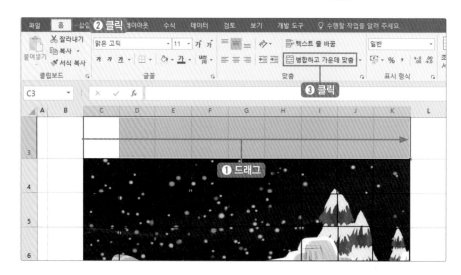

⑥ [C3] 셀에 '눈 내리는 밤'을 입력하고 글자를 드래그하여 블록으로 지정합니다.

⑦ [홈] 탭-[글꼴] 그룹에서 원하는 글꼴 서식으로 선택합니다.

⑧ [B3] 셀부터 [L11] 셀까지 드래그한 후 [홈] 탭-[글꼴] 그룹에서 [채우기 색(🪣 ·)]의 목록 단추(·)를 클릭하여 원하는 색상을 선택합니다.

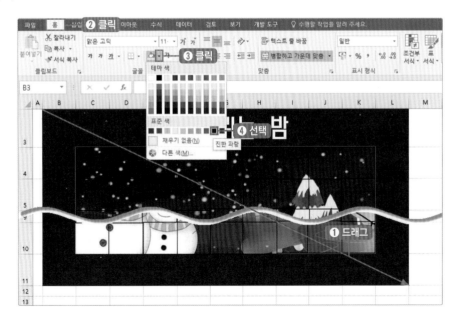

사과 캐릭터 만들기

① 워크시트 하단의 [사과] 탭을 선택합니다.

② [B2] 셀부터 [C31] 셀까지 드래그한 후 [홈] 탭-[맞춤] 그룹에서 [병합하고 가운데 맞춤(🔲)]을 클릭합니다.

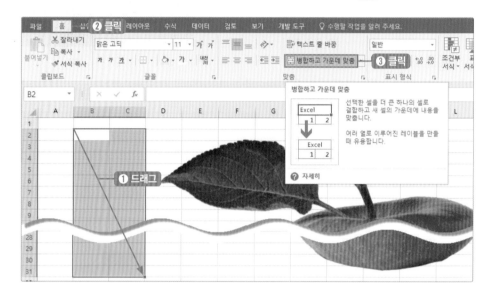

③ [홈] 탭-[맞춤] 그룹에서 방향 (🔽)을 클릭하여 [세로 쓰기] 를 선택합니다.

④ [B2] 셀에 '사과 같은 내 얼굴'을 입력하고 글자를 드래그하여 블록으로 지정한 후 [홈] 탭-[글꼴] 그룹에서 원하는 글꼴 서식으로 선택하고 **Enter** 키를 누릅니다.

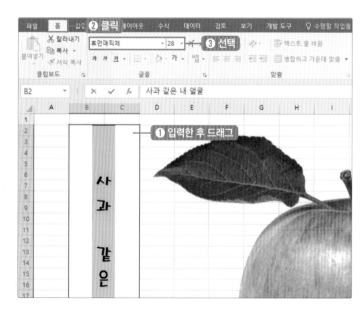

⑤ [B2] 셀을 클릭하고 [홈] 탭-[글꼴] 그룹에서 [채우기 색(🎨▾)]의 목록 단추(▾)를 클릭하여 원하는 색상으로 선택합니다. 이어서, [테두리(⊞▾)]의 목록 단추(▾)를 클릭한 후 [굵은 바깥쪽 테두리(⊡)]를 선택합니다.

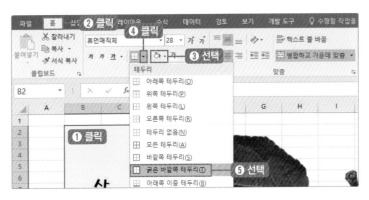

⑥ [삽입] 탭-[일러스트레이션] 그룹에서 [그림(🖼)]을 클릭합니다. 이어서, [그림 삽입] 대화상자가 나오면 [불러올 파일]-[9장]-'눈.png'을 선택한 후 <삽입> 단추를 클릭합니다.

⑦ 눈 이미지를 사과에 알맞게 배치를 하고 Ctrl 키를 누르면서 오른쪽으로 드래그 합니다.

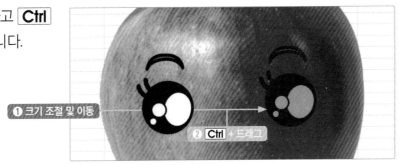

⑧ 복사된 이미지를 [서식] 탭-[정렬] 그룹에서 [회전(◿)]을 클릭하여 [좌우 대칭]을 선택합니다.

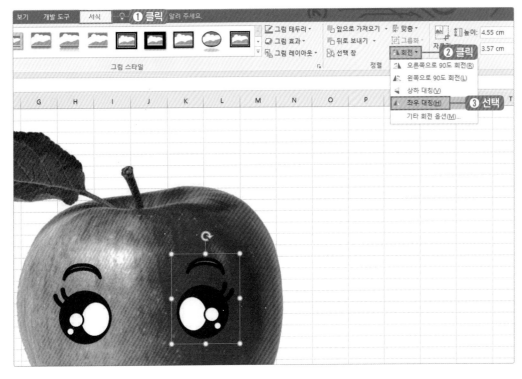

⑨ [삽입] 탭-[일러스트레이션] 그룹에서 [도형]을 클릭하여 [기본 도형]-[달]을 선택합니다.

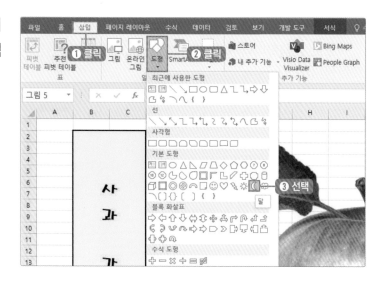

⑩ 달 모양을 사과 입 부분에 배치하고 적당한 크기로 조절한 후 회전 모양(⟳)을 왼쪽 방향으로 드래그하여 도형을 회전합니다.

※ Shift 키를 누른 채 회전 모양을 드래그하면 회전 작업이 편리합니다.

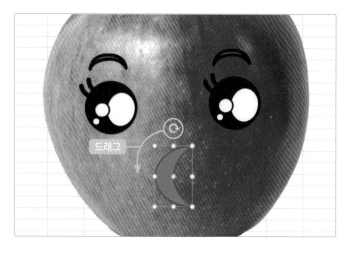

⑪ 입 모양의 두께를 조절점(◯)을 드래그하여 두께를 조절하고 [서식] 탭-[도형 스타일] 그룹에서 [도형 채우기]를 클릭하여 원하는 색상으로 선택합니다.

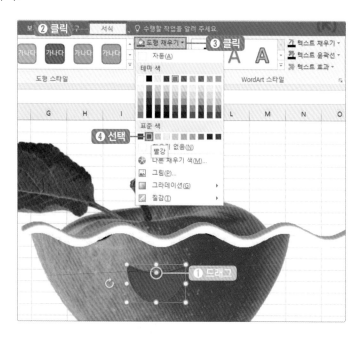

⑫ [서식] 탭-[도형 스타일] 그룹에서 [도형 효과]를 클릭하여 [입체 효과] -[급경사]를 선택합니다.

⑬ 여러 가지 도형을 활용하여 작품을 완성해봅니다.

혼자서 뚝딱 뚝딱!

📁 불러올 파일 : 9장_혼자서.xlsx 💾 완성된 파일 : 9장_혼자서(완성).xlsx

1 9장_혼자서.xlsx 파일을 열어 아래 그림을 참고하여 완성해보세요.

❶ 그림을 불러서 배치합니다.

❷ 기본도형의 '모서리가 접힌 도형'을 배치하고 글자를 입력합니다.

❸ 도형을 복사하고 좌우반전을 이용하여 배치합니다.

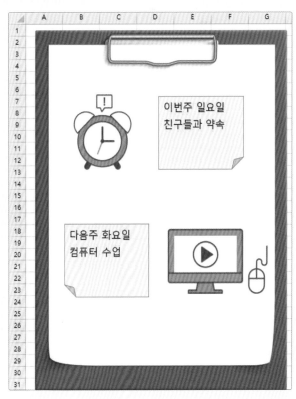

CHAPTER 10

컴퓨터 관련 단어 찾기

학습목표

- 행과 열의 간격을 조절한 후 테두리를 지정하여 단어 표를 완성해봅니다.
- 그림을 넣은 후 셀에 색을 채워 찾은 단어를 표시해봅니다.

📁 불러올 파일 : 10장.xlsx   💾 완성된 파일 : 10장(완성).xlsx

창의력 플러스

1 다음 그림과 자음을 보고 정답을 빈 칸에 입력하세요.

ㅁ ㅋ ㄹ   ㅂ ㅇ ㅃ   ㅎ ㅃ

 단어표 만들기

① [Excel 2016]을 실행한 후 [다른 통합 문서 열기]–[찾아보기]를 클릭합니다.

② [열기] 대화상자가 나오면 [불러올 파일]–[10장]–'10장.xlsx'을 선택한 후 <열기> 단추를 클릭하여 파일을 불러옵니다.

③ [2] 행부터 [14] 행까지 드래그하여 블록으로 지정한 후 머리글 위에서 마우스 오른쪽 단추를 눌러 [행 높이]를 클릭합니다.

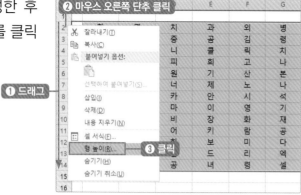

④ [행 높이] 대화상자의 입력 칸에 '35'를 입력한 후 <확인> 단추를 클릭합니다.

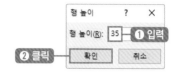

⑤ [B] 열부터 [N] 열까지 드래그한 후 머리글 위에서 마우스 오른쪽 단추를 눌러 [열 너비]를 클릭합니다.

⑥ [열 너비] 대화상자의 입력 칸에 '6'을 입력한 후 <확인> 단추를 클릭합니다.

⑦ [B2:N14] 영역을 드래그하여 범위를 지정한 후 [홈] 탭-[글꼴] 그룹에서 [테두리(▦ ▾)]의 목록 단추(▾)를 클릭하여 [모든 테두리(⊞)]를 선택합니다. 이어서, [굵은 바깥쪽 테두리(⊡)]를 선택합니다.

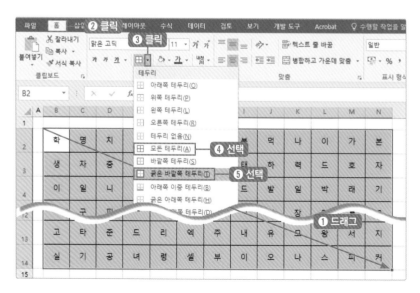

⑧ [홈] 탭-[글꼴] 그룹에서 원하는 글꼴 서식을 선택합니다.

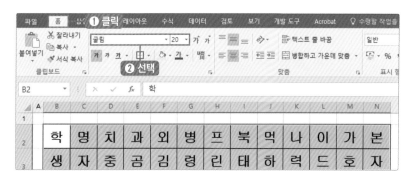

⑨ [P3] 셀부터 [R3] 셀까지 드래그한 후 [홈] 탭-[맞춤] 그룹에서 [병합하고 가운데 맞춤(🔲)]을 클릭합니다.

⑩ [P5] 셀부터 [R13] 셀까지 드래그한 후 [홈] 탭-[맞춤] 그룹에서 [병합하고 가운데 맞춤(🔲)]을 클릭합니다.

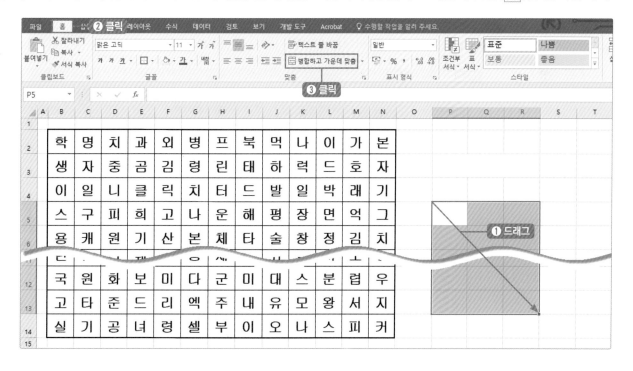

❶ [P3:R3]을 클릭하고 '찾을 단어'를 입력하고 **Enter** 키를 누릅니다.

❷ [P5] 셀을 클릭하고 아래 그림처럼 데이터를 입력합니다.

　※ 줄 바꿀 때는 **Alt** + **Enter** 키를 누르면 됩니다.

❸ [P3] 셀을 클릭한 후 **Ctrl** 키를 누른 채 [P5] 셀을 클릭합니다.

　※ **Ctrl** 키를 누른 채 원하는 셀을 선택하면 여러 개의 셀을 동시에 선택할 수 있습니다.

❹ [홈] 탭-[글꼴] 그룹에서 원하는 글꼴 서식을 선택합니다.

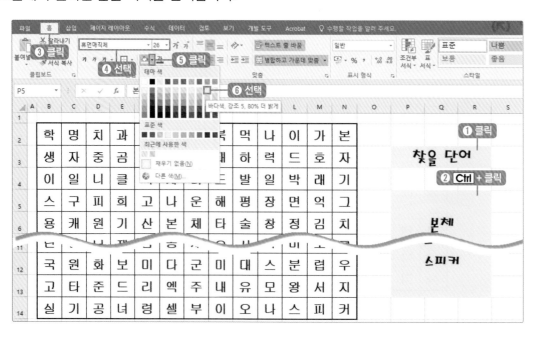

❺ 주어진 이미지를 삽입하고 옆에 적혀 있는 단어를 찾아서 셀에 색을 칠해 작품을 완성합니다.

📂 불러올 파일 : 10장_혼자서.xlsx 📄 완성된 파일 : 10장_혼자서(완성).xlsx

1 10장_혼자서.xlsx 파일을 열어 아래 그림을 참고하여 완성해보세요.

	A	B	C	D	E	F	G	H	I
1									
2		A	T	A	F	W	G		영어 단어 찾기
3		B	E	E	N	Q	B		
4		H	R	D	V	T	E		개미
5		N	E	O	S	Y	U		벌
6		S	D	Y	E	I	K		빨강
7		R	W	E	A	U	L		바다

❶ 행과 열을 조절합니다.

❷ 영어단어를 찾아서 다양한 색상으로 채우기를 적용합니다.

CHAPTER 11

봄과 여름에 피는 꽃

학습목표

● 행과 열을 삽입한 후 셀 서식을 적용하여 표를 만들어봅니다.

● 그림을 넣은 후 한자로 변환하여 봅니다.

📂 불러올 파일 : 11장.xlsx   📗 완성된 파일 : 11장(완성).xlsx

창의력 플러스

1 아래 이미지를 보고 이미지의 흐린 부분을 직접 그려보세요.

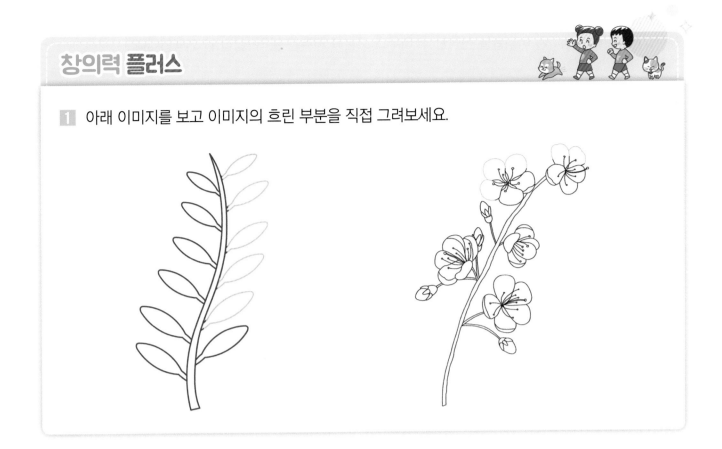

01 행과 열 삽입하기

① [Excel 2016]을 실행한 후 [다른 통합 문서 열기]-[찾아보기]를 클릭합니다.

② [열기] 대화상자가 나오면 [불러올 파일]-[11장]-'11장.xlsx'를 선택한 후 <열기> 단추를 클릭하여 파일을 불러옵니다.

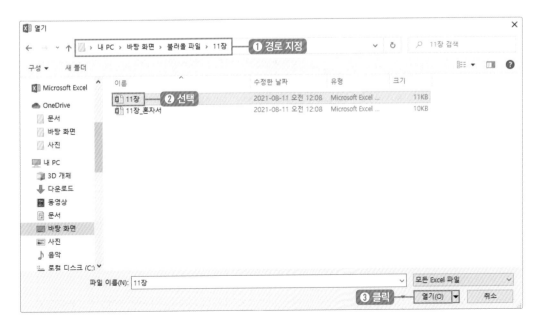

③ [7] 행부터 [8]행까지 머리글을 선택한 후 마우스 오른쪽 단추를 눌러 [삽입]을 선택합니다.

④ 새로운 행이 삽입되면 [D7] 셀에 '장미', [D8] 셀에 '수국', [F7] 셀에 '사랑', [F8] 셀에 '진심'을 입력합니다.

	A	B	C	D	E	F	G	H
4				꽃 이름	개화 시기	꽃 말		
5				개나리		희망		
6				튤립		고백		
7				장미		사랑		
8				수국		진심		
9				무궁화		아름다움		

❶ 입력 **❷ 입력**

⑤ 동일한 방법으로 [F] 열도 열을 하나 추가하여 아래 그림처럼 데이터를 입력합니다.

❶ 열 추가

	A	B	C	D	E	F	G	H	I
4				꽃 이름	개화 시기	인기 순위	꽃 말		
5				개나리		1	희망		
6				튤립		4	고백		
7				장미		2	사랑		
8				수국		5	진심		
9				무궁화		3	아름다움		
10				샤프란		6	즐거움		
11									

❷ 입력

02 도형으로 제목 만들고 표 꾸미기

① [2] 행 머리글 위에서 마우스 오른쪽 단추를 눌러 [행 높이]를 클릭합니다.

꽃 이름	개화 시기	인기 순위	꽃 말
개나리		1	희망
튤립		4	고백
장미		2	사랑

② [행 높이] 대화상자의 입력 칸에 '80'을 입력한 후 <확인> 단추를 클릭합니다.

③ [삽입] 탭-[일러스트레이션] 그룹에서 [도형(⬦)]을 클릭하여 [기본 도형]-[빗면(▢)]을 선택하고 [D2:G2] 영역에 정확히 크기를 조절합니다.

※ 도형의 크기를 조절하거나 위치를 변경할 때 **Alt** 키를 누른 채 드래그하면 셀에 맞춰 조절하기 편리합니다.

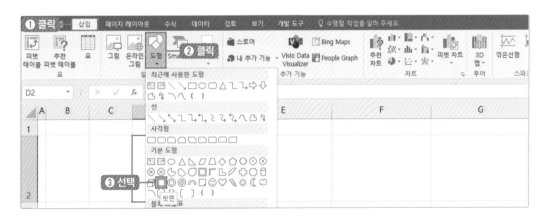

④ 도형을 클릭하고 '봄과 여름에 피는 꽃'을 입력한 후 도형의 테두리를 클릭합니다. 이어서, [홈] 탭-[글꼴] 그룹에서 원하는 글꼴 서식으로 선택합니다.

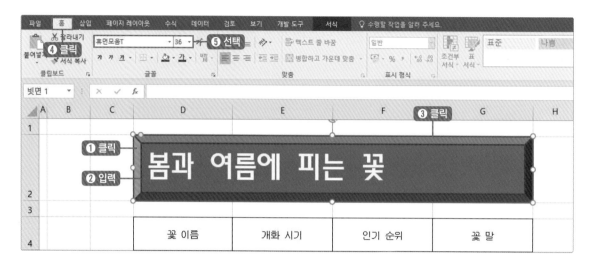

⑤ [홈] 탭-[맞춤] 그룹에서 가로·세로 모두 [가운데 맞춤]을 클릭합니다.

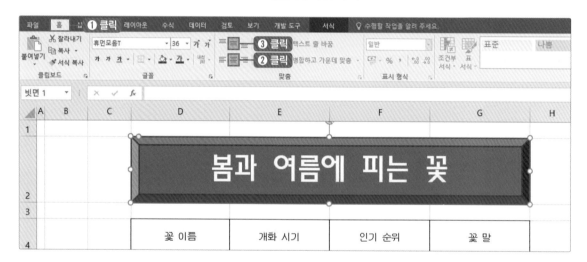

⑥ [D4:G10] 영역을 드래그하여 범위를 지정한 후 [홈] 탭-[글꼴] 그룹에서 원하는 글꼴 서식으로 선택합니다.

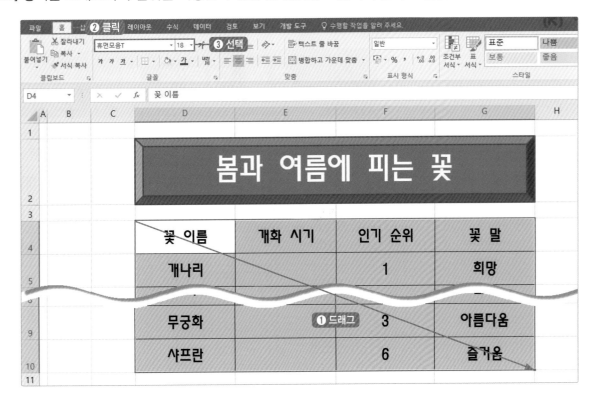

⑦ [D4:G4] 영역을 드래그하여 범위를 지정한 후 [홈] 탭-[글꼴] 그룹에서 원하는 글꼴 서식으로 선택합니다.

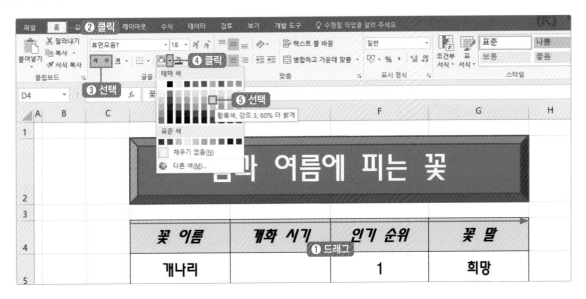

⑧ [E5] 셀을 클릭한 후 '3월'을 입력합니다. 이어서, [E5] 셀의 채우기 핸들(┳)을 [E10] 셀까지 드래그합니다.

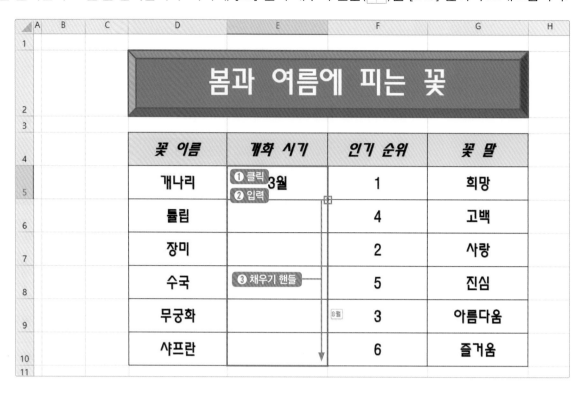

03 정렬하기

① 데이터 정렬을 하기 위해서 [F4] 셀을 클릭하고 [데이터] 탭–[정렬 및 필터] 그룹에서 [텍스트 오름차순 정렬(⟱)]을 클릭합니다.

※ 인기 순위는 작은 숫자에서 높은 숫자 순서로 정렬이 되어야 합니다. 그러므로 1이 가장 위쪽으로 정렬되고 6은 가장 아래쪽으로 정렬이 됩니다.

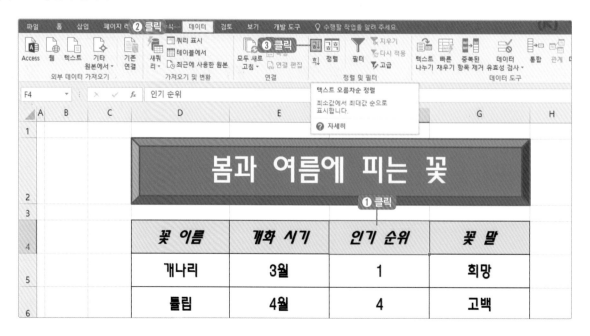

② 다시 데이터 정렬을 하기 위해서 [D4] 셀을 클릭하고 [데이터] 탭-[정렬 및 필터] 그룹에서 [텍스트 내림차순 정렬(힉↓)]을 클릭합니다.

※ 꽃 이름으로 내림차순 정렬은 '한글(ㅎ → ㄱ)' 순서로 정렬이 됩니다.

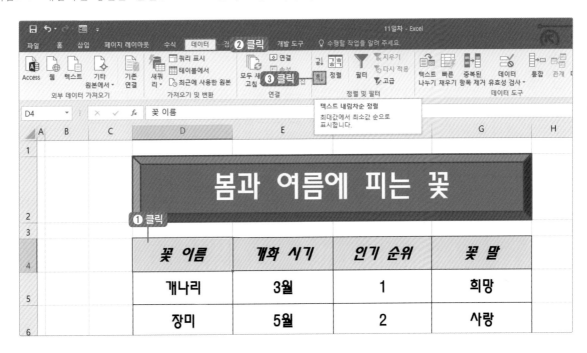

③ 나머지 부분은 완성된 이미지를 보면서 작품을 완성합니다.

📁 불러올 파일 : 11장_혼자서.xlsx 📄 완성된 파일 : 11장_혼자서(완성).xlsx

1 11장_혼자서.xlsx 파일을 열어 아래 그림을 참고하여 완성해보세요.

A	B	C	D	E
1	나의 목표 설정하기			
2				
번호	내용	일정	중요도	
1	영어단어 외우기	1학기	★★★★★	
2	줄넘기 대회 준비	1학기	★★★★	
3	독서하기	여름방학	★★★★	
4	엑셀 공부하기	여름방학	★★★	
5	코딩 공부하기	2학기	★★★	

❶ 행과 열을 삽입하여 데이터를 입력합니다.

CHAPTER 12

동물 특징 알아보기

● 잘라내기와 메모 삽입 기능을 이용하여 동물의 특징을 알아봅니다.
● 시트에 배경 이미지를 삽입하고 그림을 넣어 작품을 완성해봅니다.

📂 불러올 파일 : 12장.xlsx 🖥 완성된 파일 : 12장(완성).xlsx

1 아이가 공원에서 강아지들과 산책하다가 강아지를 잃어버렸어요. 4마리의 강아지들의 모습을 확인하고 공원 안에 있는 강아지에 동그라미를 표시 하세요.

 텍스트 잘라내기

1 [Excel 2016]을 실행한 후 [다른 통합 문서 열기]-[찾아보기]를 클릭합니다.

2 [열기] 대화상자가 나오면 [불러올 파일]-[12장]-'12장.xlsx'을 선택한 후 <열기> 단추를 클릭하여 파일을 불러옵니다.

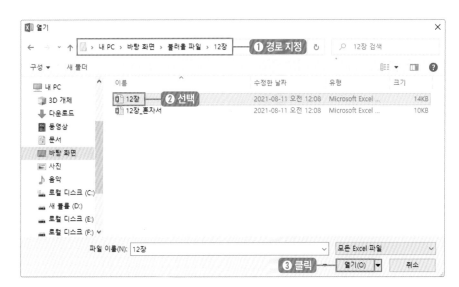

③ [A2] 셀을 클릭하고 F2 키를 누른 후 내용을 전체 드래그하여 블록
으로 지정한 다음 마우스 오른쪽 단추를 눌러 [잘라내기]를 선택하고
Enter 키를 눌러 다음 셀로 이동합니다.

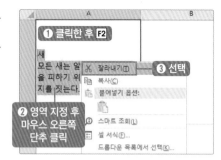

TIP 잘라내기

'잘라내기' 기능을 이용하면 삭제가 아닌 임시 저장 공간에 잠시 복사가 되며, '붙여넣기' 기능과 함께 사용합니다.
(바로 가기 키 : Ctrl + X)

02 메모 삽입

① [A2] 셀 위에서 마우스 오른쪽 단추를 눌러 [메모 삽입]을 클릭하고 메모 안의 내용 전체를 드래그한 후
마우스 오른쪽 단추를 눌러 [붙여넣기]를 선택합니다.

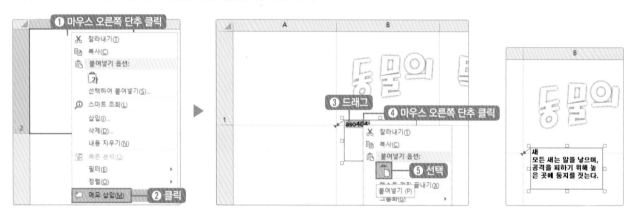

② 동일한 방법으로 [D2] 셀과 [E3] 셀의 내용을 잘라내기한 후 메모를 삽입합니다.

TIP 메모 삽입

메모가 삽입된 셀의 오른쪽 상단에는 빨간 점이 표시됩니다. 메모가 삽입된 셀에 마우스 포인터가 올라가면 메모가 표시되기도
합니다.

03 배경 넣기와 메모 표시

① [페이지 레이아웃] 탭-[페이지 설정] 그룹에서 [배경(🖼)]을 클릭합니다.

② [그림 삽입] 대화상자가 나오면 [파일에서]를 클릭합니다.

③ [시트 배경] 대화상자가 나오면 [불러올 파일]-[12장]-'배경.jpg'을 선택한 후 <삽입> 단추를 클릭합니다.

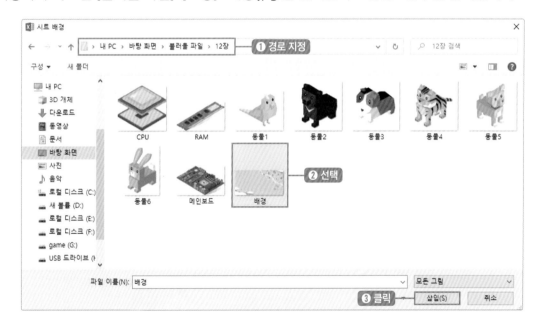

④ [B3] 셀 위에서 마우스 오른쪽 단추를 눌러 [메모 표시/숨기기]를 선택합니다.

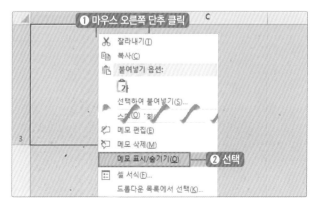

⑤ 동일한 방법으로 메모를 삽입한 셀에는 [메모 표시/숨기기]를 선택합니다.

⑥ [B3] 셀을 클릭하고 [삽입] 탭-[일러스트레이션] 그룹에서 [그림(🖼)]을 클릭합니다.

⑦ [그림 삽입] 대화상자가 나오면 [불러올 파일]-[12장]-'동물2.png'을 선택하고 <삽입> 단추를 클릭합니다.

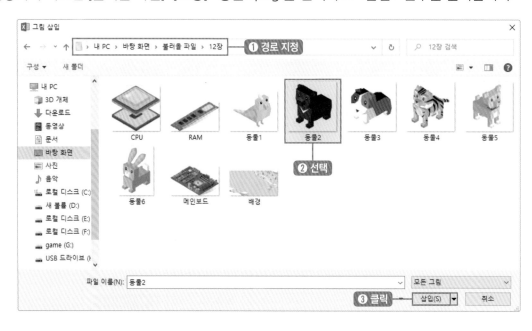

⑧ 그림이 삽입이 되면 [B3] 셀에 맞게 크기 및 위치를 조절합니다.

⑨ 다음과 같이 완성된 내용을 보고 해당 셀에 이미지들을 삽입하고 작품을 완성해봅니다.

① 12장_혼자서.xlsx 파일을 열어 아래 그림을 참고하여 완성해보세요.

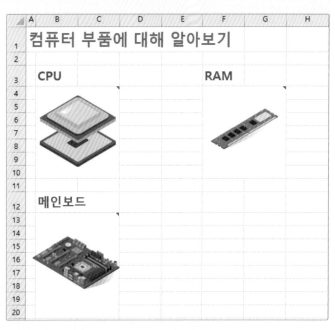

❶ 셀에 있는 설명을 잘라내기를 하고 메모를 삽입합니다.

❷ 그림을 삽입하고 크기를 조절하여 배치합니다.

재미있는 퀴즈 맞추기

📁 불러올 파일 : 13장.xlsx   📋 완성된 파일 : 13장(완성).xlsx

학습목표

● 입력된 데이터를 추가하는 방법을 알아봅니다.
● 행 숨기기 기능을 이용하여 퀴즈를 완성해봅니다.

배운 내용 미리보기!

1 다음 상식 퀴즈를 보고 ○, ×를 표시하세요.

오이는 채소다.

(   )

토마토는 과일이다.

(   )

2 각 나라의 수도가 맞는지 확인하고 ○, ×를 표시하세요.

대한민국   서울 (   )

독일   베를린 (   )

프랑스   로마 (   )

수식 입력줄 사용하기

① [Excel 2016]을 실행한 후 [다른 통합 문서 열기]-[찾아보기]를 클릭합니다.

② [열기] 대화상자가 나오면 [불러올 파일]-[13장]-'13장.xlsx'을 선택한 후 <열기> 단추를 클릭하여 파일을 불러옵니다.

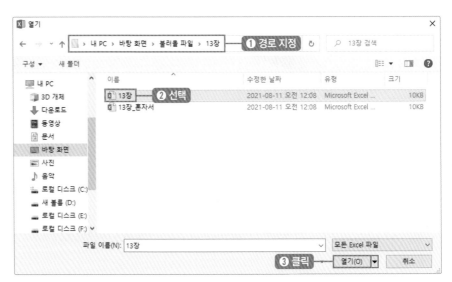

③ [C5] 셀을 클릭한 후 수식 입력줄의 뒤쪽을 클릭하고 '판다'를 입력한 후 **Enter** 키를 누릅니다.

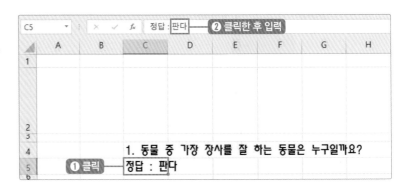

④ 동일한 방법으로 [C8] 셀에 '2등', [C11] 셀에 '개구리', [C14] 셀에 '흙흙흙', [C17] 셀에 '고드름', [C20] 셀에 '꿈 속 상황', [C23] 셀에 '사자'를 입력합니다.

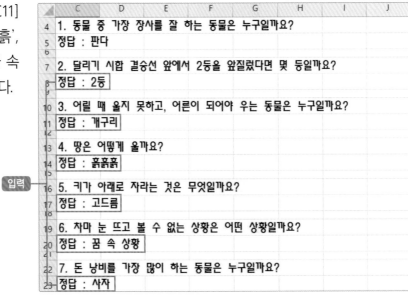

02 셀 꾸미기 및 행 숨기기

❶ [C4] 셀부터 [I23] 셀까지 드래그하여 범위를 지정한 후 [홈] 탭-[글꼴] 그룹에서 [채우기 색(🖌)]의 목록 단추(▾)를 클릭하여 원하는 색상을 선택합니다.

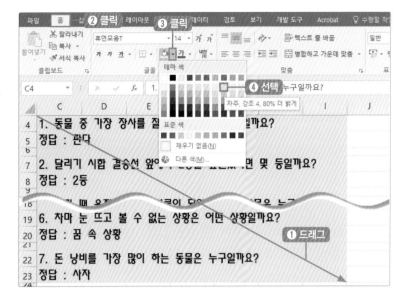

❷ [삽입] 탭-[일러스트레이션] 그룹에서 [도형(⬙)]을 클릭하여 [사각형]-[직사각형(□)]을 선택하고 퀴즈 내용에 맞게 드래그하여 크기 및 위치를 조절합니다.

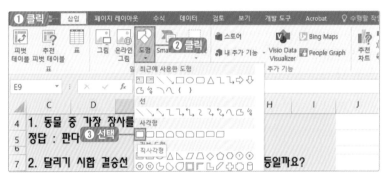

❸ 도형이 선택된 상태에서 [서식] 탭-[도형 채우기] 그룹에서 [채우기 없음]을 클릭하고 [도형 윤곽선]에서 [두께]-[6pt]을 선택합니다.

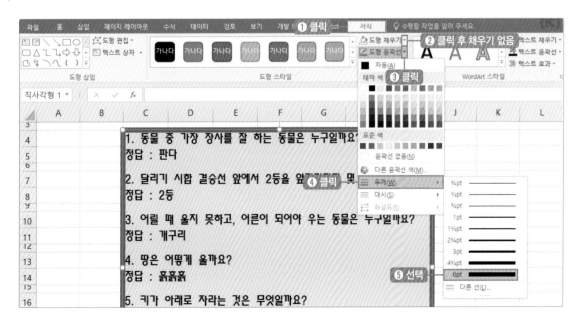

④ [5] 행 머리글 위에서 마우스 오른쪽 단추를 눌러 [숨기기]를 선택합니다.

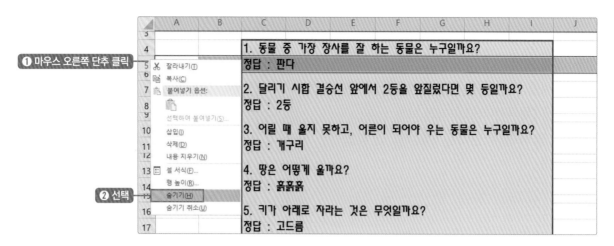

⑤ 동일한 방법으로 나머지 행(8행, 11행, 14행, 17행, 20행, 23행)을 숨기기합니다.
   ※ Ctrl 키를 누른 채 정답이 있는 행 머리글을 모두 선택한 후 숨기기 작업을 하면 편리합니다.

TIP 정답 확인

숨기기한 행을 다시 보기 위해서는 4행~25행 머리글을 드래그하여 선택한 후 머리글 위에서 마우스 오른쪽 단추를 눌러
[숨기기 취소]를 클릭합니다.

⑥ 제목 및 이미지 삽입을 원하는 모양으로 추가해서 작품을 완성해봅니다.

불러올 파일 : 13장_혼자서.xlsx 완성된 파일 : 13장_혼자서(완성).xlsx

① 13장_혼자서.xlsx 파일을 열어 아래 그림을 참고하여 완성해보세요.

	A	B	C	D
1		영 어 단 어 퀴 즈		
2				
3		문제 : 강아지		문제 : 우유
5				
6		문제 : 무당벌레		문제 : 어린이
8				
9		문제 : 자동차		문제 : 물
11				

❶ 셀을 수정하여 영어 단어 정답을 입력합니다.
(ladybug, child, car, water)

❷ 영어 단어가 있는 행을 숨기기합니다.

CHAPTER 14

저녁 메뉴 사다리 타기

학습목표

- 틀 고정 기능을 이용하여 사다리 게임을 알아봅니다.
- 사다리 모양을 선으로 그려봅니다.

📂 불러올 파일 : 14장.xlsx 📑 완성된 파일 : 14장(완성).xlsx

틀 고정은 원하는 셀을 고정할 수 있어요.

오! 고정하고 화면을 이동해도 움직이지 않네요.

좋은 기능이네? 다른 사다리 타기도 만들어 봐야지

창의력 플러스

1 뽑기 게임을 만듭니다. 왼쪽에 있는 숫자와 오른쪽 당첨 결과를 선으로 연결합니다. (뽑기 게임은
다른 사람과 할 수 있는 게임입니다. 다른 사람과 게임 할 땐 손으로 선을 가리고 번호를 고르게 합니다.)

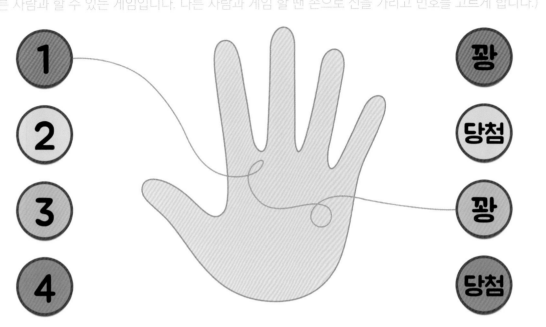

01 셀에 색 채우기

① [Excel 2016]을 실행한 후 [다른 통합 문서 열기]-[찾아보기]를 클릭합니다.

② [열기] 대화상자가 나오면 [불러올 파일]-[14장]-'14장.xlsx'을 선택한 후 <열기> 단추를 클릭하여 파일을
불러옵니다.

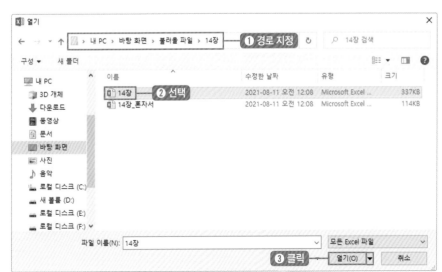

③ [B4] 셀을 클릭한 후 [홈] 탭-[글꼴] 그룹에서 [채우기 색(🪣▾)]의 목록 단추(▾)을 클릭하여 원하는 색상을 선택합니다.

④ 동일한 방법으로 [C4]~[H4] 셀에 [채우기 색(🪣▾)]의 목록 단추(▾)을 클릭하여 원하는 색상을 선택합니다.

⑤ [B4:H4] 영역을 드래그하여 범위를 지정한 후 [홈] 탭-[글꼴] 그룹에서 [테두리(▦▾)]의 목록 단추(▾)를 클릭하여 [모든 테두리(⊞)]를 선택합니다.

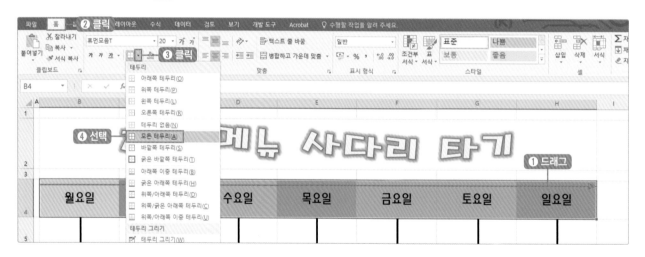

도형으로 사다리 만들기

① [삽입] 탭-[일러스트레이션] 그룹에서 [도형(⬠)]을 클릭하여 [선]-[선(＼)]을 선택합니다.

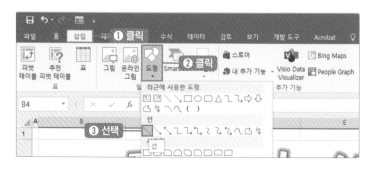

② 선과 선에 **Shift** 키를 누른 채 드래그하여 선을 그립니다.

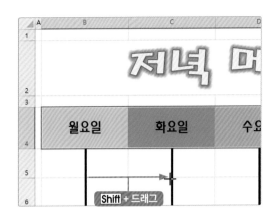

③ 선을 그린 후 [서식] 탭-[도형 스타일] 그룹에서 [도형 윤곽선]-[검정, 텍스트1]을 클릭합니다. 이어서, [두께]-[3pt]를 선택합니다.

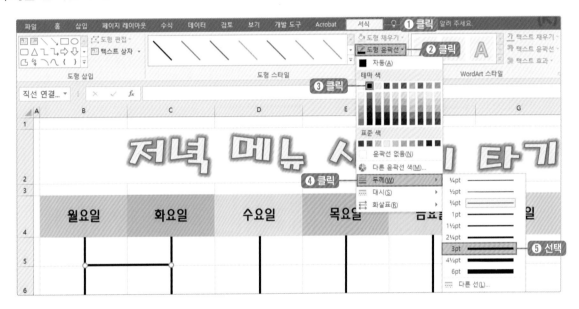

④ 만들어진 선을 선택하고 **Ctrl** 키를 누른 채 선을 드래그하여 자유롭게 복사하고 도형의 조절점을 조절하여 사다리를 완성합니다.

① [B5] 셀을 클릭한 후 [보기] 탭-[창] 그룹에서 [틀 고정()]-[틀 고정]을 클릭합니다.

※ 숨겨야 하는 사다리 선이 처음 시작하는 [B5] 셀을 클릭한 후 틀을 고정시킵니다.

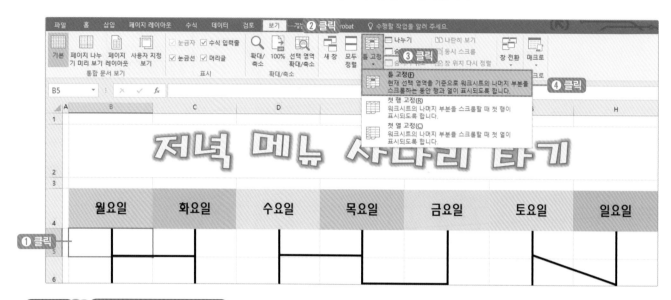

TIP 사다리 타기 게임하기

① Page Down 키를 한 번 누르면 사다리 선이 숨겨집니다.

② Page Up 키를 한 번 누르면 사다리 선이 나타납니다.

📁 불러올 파일 : 14장_혼자서.xlsx 📁 완성된 파일 : 14장_혼자서(완성).xlsx

1 14장_혼자서.xlsx 파일을 열어 아래 그림을 참고하여 완성해보세요.

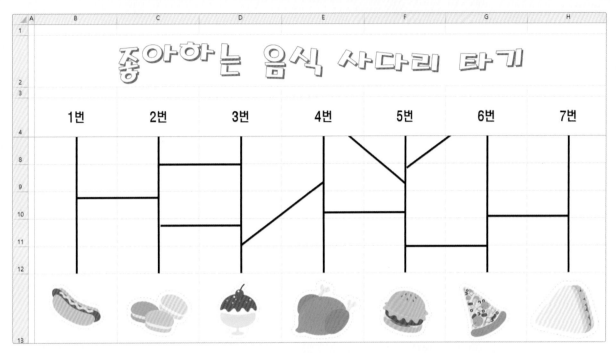

❶ [FOOD] 시트를 선택하고 내가 좋아하는 음식 이미지를 복사하여 사다리 게임에 배치하여 봅니다.

❷ 사다리를 자유롭게 배치하여 만들고 틀 고정 기능을 적용합니다.

CHAPTER 15

만화 캐릭터 프로필

📁 불러올 파일 : 15장.xlsx   📄 완성된 파일 : 15장(완성).xlsx

창의력 플러스

1 다음 그림을 보고 점선 부분을 따라 그려보세요.

01 프로필 꾸미기

① [Excel 2016]을 실행한 후 [다른 통합 문서 열기]–[찾아보기]를 클릭합니다.

② [열기] 대화상자가 나오면 [불러올 파일]–[15장]–'15장.xlsx'을 선택한 후 <열기> 단추를 클릭하여 파일을 불러옵니다.

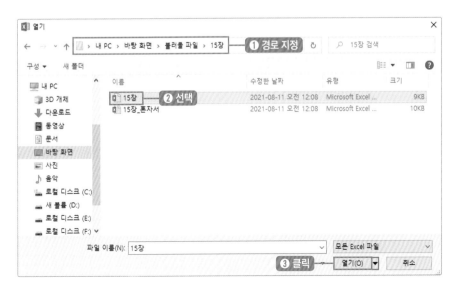

③ [2] 행 머리글 위에서 마우스 오른쪽 단추를 눌러 [행 높이]를 클릭합니다.

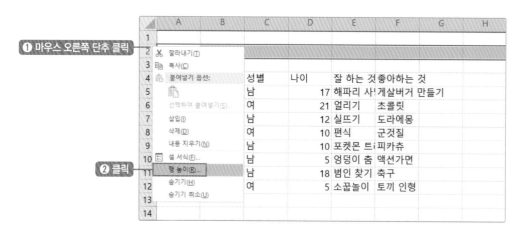

④ [행 높이] 대화상자의 입력 칸에 '65'를 입력한 후 <확인> 단추를 클릭합니다.

⑤ 동일한 방법으로 [4] 행부터 [12] 행까지 행 높이는 '25'로 지정합니다.

⑥ [B2:F2] 셀을 드래그하여 [병합하고 가운데 맞춤(圉)]을 클릭합니다.

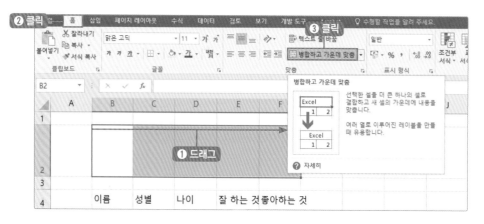

⑦ [삽입] 탭-[텍스트] 그룹에서 [WordArt(⚡)]를 클릭한 후 [채우기 – 파랑, 강조 1, 그림자]를 선택하고 제목을 입력합니다.

⑧ 제목 내용을 드래그하여 블록으로 지정하고 원하는 글꼴 서식으로 선택하고 [서식] 탭-[WordArt 스타일] 그룹에서 [텍스트 효과]를 클릭하여 [변환]-[휘기]-[이중 물결 1]을 선택합니다.

※ 워드아트 위치 변경은 테두리를 드래그하여 이동시킵니다.

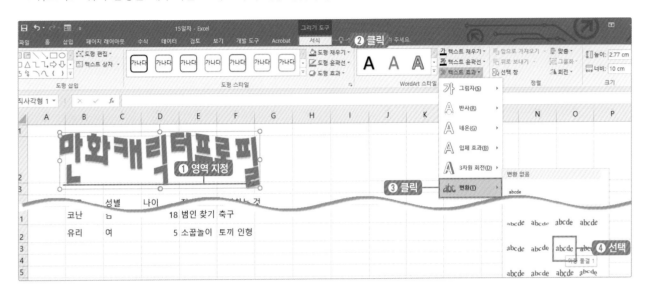

TIP 워드아트의 '변환' 기능

워드아트의 텍스트 효과에서 '변환' 기능을 적용하면 텍스트가 아닌 도형처럼 조절점(○)을 이용하여 크기를 조절할 수 있습니다.

02 표 서식과 셀 서식

① [B4:F12] 영역을 드래그하여 [홈] 탭-[스타일] 그룹에서 [표 서식]을 클릭한 후 [밝게]-[표 스타일 밝게 13]을 선택하고 <확인> 단추를 클릭합니다.

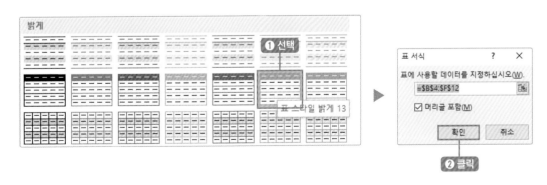

② [B4:F12] 영역을 드래그하여 [홈] 탭-[글꼴] 그룹에서 원하는 글꼴 서식으로 선택합니다. 이어서, [맞춤] 그룹에서 [가운데 맞춤(☰)]을 클릭한 후 모든 글자가 보이도록 열 머리글 경계선에 마우스를 위치하여 열 너비를 조절합니다.

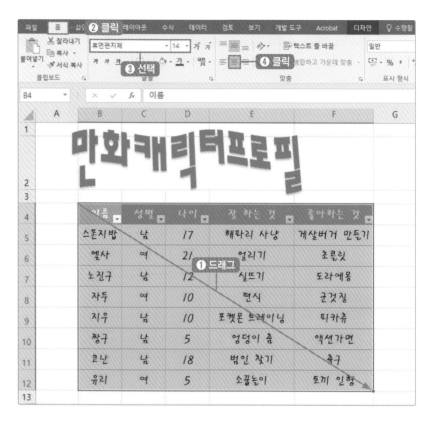

③ [D5:D12] 영역을 드래그하고 마우스 오른쪽 단추를 눌러 [셀 서식]을 선택합니다.

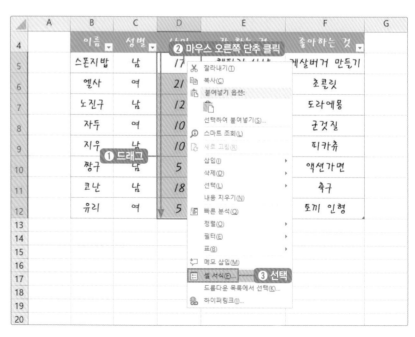

④ [표시 형식]-[사용자 지정]에서 형식 입력 칸에 'G/
표준"세"'를 입력하고 <확인> 단추를 클릭합니다.

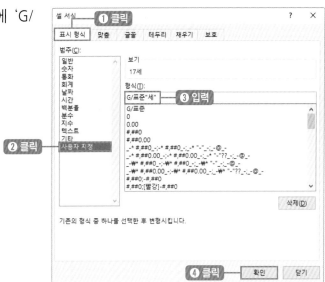

03 자동 필터 활용하기

① 이름 셀의 필터 목록 단추(▼)를 클릭하고 '텍스트 오름차순 정렬'을 선택합니다.

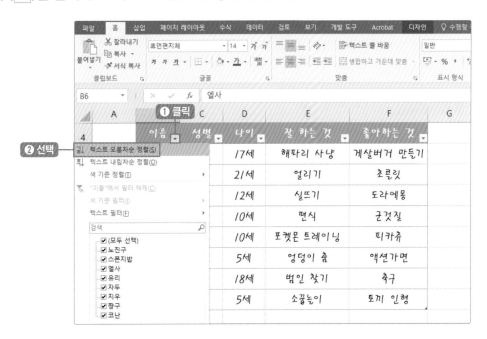

② 나이 셀의 필터 목록 단추를 클릭한 후 [숫자 필터]-[상위 10]을 선택합니다.

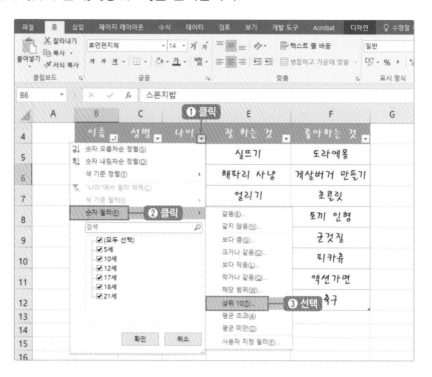

③ [상위 10 자동 필터] 대화상자가 나오면 상위 '3'으로 수정하고 <확인> 단추를 클릭합니다.

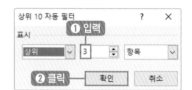

TIP 상위 10 자동 필터

셀 범위의 데이터를 높은 값 기준으로 원하는 항목수를 추출할 수 있습니다. 반대로 하위 항목으로 지정을 하면 낮은 값 순서로 항목수를 추출할 수 있습니다. 항목을 백분율(%)로 변경도 가능합니다.

TIP 자동 필터 해제

나이 셀의 필터 목록 단추를 클릭한 후 ["나이"에서 필터 해제]를 선택하면 해당 셀의 자동 필터가 해제됩니다.

④ 나이 셀의 필터를 해제하고 성별 셀의 "남"으로 자동 필터를 적용한 후 이미지 파일을 삽입하여 작품을 완성해봅니다.

CHAPTER
15

혼자서 뚝딱 뚝딱!

🗁 불러올 파일 : 15장_혼자서.xlsx 📖 완성된 파일 : 15장_혼자서(완성).xlsx

1 15장_혼자서.xlsx 파일을 열어 아래 그림을 참고하여 완성해보세요.

이름	성별	줄넘기	50M달리기
한소연	여	74	9.8
이슬기	여	63	13.5
조서영	여	77	14.2

우리반 운동기록 평가

❶ 워드아트를 이용하여 제목을 입력합니다.

❷ 자동 필터를 이용하여 성별이 '여'인 데이터를 표시합니다.

단원 종합 평가 문제

선생님 확인	부모님 확인

● 9장~15장에서 배운 내용을 평가해봅니다.

1 도형 복사를 마우스를 이용해서 복사할 때 같이
사용하는 키는 무엇인가요?

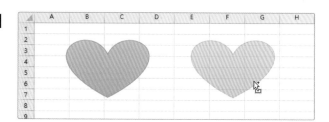

❶ **Shift**　　　　　❷ **Enter**

❸ **Ctrl**　　　　　❹ **Alt**

2 도형 또는 그림을 좌우 대칭을 할 때 사용하는 도구는 무엇인가요?

❶ 📊▾　　　　❷ ◤◢　　　　❸ 🖼　　　　❹ Σ

3 한 셀에 두 줄 이상 입력하는 단축키는 무엇인가요?

❶ **Shift** + **TAB⇥**　　❷ **Ctrl** + **Enter**　　❸ **Alt** + **Enter**　　❹ **Enter**

4 아래 그림과 같이 행을 삽입하기 위해서 어느 행을 선택해야 할까요?

❶ 2행~3행

❷ 3행~4행

❸ 4행~5행

❹ 1행~2행

	A	B	C	D	E
1					
2		이름	학년	취미	
3		김가인	2학년	컴퓨터	
4		한예소	1학년	피아노	
5		이루리	3학년	달리기	
6					
7					
8					

	A	B	C	D	E
1					
2		이름	학년	취미	
3		김가인	2학년	컴퓨터	
4					
5					
6		한예소	1학년	피아노	
7		이루리	3학년	달리기	
8					

5 아래 그림과 같이 숨기기 기능을 이용한 행은 무엇인가요?

	A	B	C	D	E	F	G
1							
2		번호	이름	국어	영어	수학	
3		1	이슬기	80	88	92	
4		2	최지우	80	95	78	
5		3	김준서	80	89	87	
6		4	최현욱	90	91	93	
7		5	김민서	81	84	81	
8							

	A	B	C	D	E	F	G
1							
2		번호	이름	국어	영어	수학	
3		1	이슬기	80	88	92	
5		3	김준서	80	89	87	
6		4	최현욱	90	91	93	
8							
9							
10							

❶ 2행, 4행　　　　❷ 3행~4행　　　　❸ 4행, 7행　　　　❹ 4행~6행

6 데이터를 오름차순 정렬을 하기위한 도구는 무엇인가요?

❶ 긝↓ ❷ 흭↓ ❸ 🖼 ❹ 🔺

7 엑셀 2016의 [삽입] 탭에 없는 기능은 무엇인가요?

❶ WordArt ❷ 정렬 ❸ 그림 ❹ 도형

8 자동 필터에서 없는 기능은 무엇인가요?

❶ 오름차순 정렬 ❷ 내림차순 정렬 ❸ 상위 10 ❹ 표 서식

9 도형에서 선을 그릴 때 수직이나 수평선을 그리기 위해서 같이 사용하는 키는 무엇인가요?

❶ **Shift** ❷ **Ctrl** ❸ **Alt** ❹ **Enter**

10 다음 작업 순서를 참고하여 아래 그림과 같이 엑셀 파일을 완성하세요.

📂 불러올 파일 : 16장.xlsx 💾 완성된 파일 : 16장(완성).xlsx

- [B3:G3] 영역에 숫자를 입력합니다.
- [H3] 셀에 자동 합계(∑)를 계산합니다.
- [H3] 셀에 메모를 입력('자동 합계로 계산')
- 메모 내용은 가로와 세로 정렬 '가운데'
- 메모를 표시하고 완성된 이미지와 같이 크기와 위치를 조절

조건부 픽셀 아트

● 조건부 서식을 이용하여 셀 안에 채우기 및 글꼴 색을 지정해봅니다.

📁 불러올 파일 : 17장.xlsx 📄 완성된 파일 : 17장(완성).xlsx

창의력 플러스

1 아래 모눈종이 모양에 픽셀아트를 그려봅니다.(숫자 또는 기호를 그려보세요.)

※ 연필 또는 볼펜으로 아래 예제와 같이 색을 칠해 봅니다.

그리는 방법

내가 그려 보기

07 조건부 서식 지정

1 [Excel 2016]을 실행한 후 [다른 통합 문서 열기]-[찾아보기]를 클릭합니다.

2 [열기] 대화상자가 나오면 [불러올 파일]-[17장]-'17장.xlsx'를 선택한 후 <열기> 단추를 클릭하여 파일을 불러옵니다.

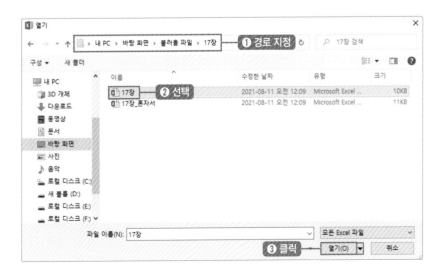

③ [E1:AH23] 영역을 드래그하여 [홈] 탭–[스타일] 그룹에서 [조건부 서식()]을 클릭하여 [새 규칙]을 선택합니다.

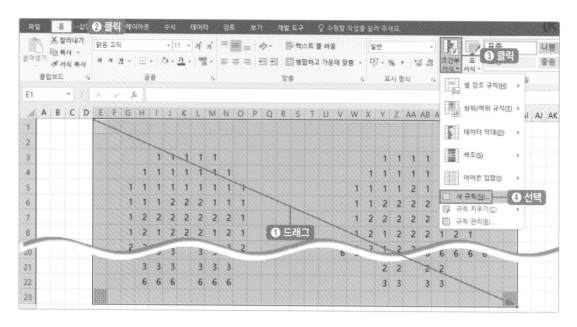

④ [다음을 포함하는 셀만 서식 지정]을 선택한 후 [규칙 설명 편집]에서 [해당 범위]를 '='으로 변경하고 셀 주소 입력 칸은 '1'을 입력한 후 [서식] 단추를 클릭합니다.

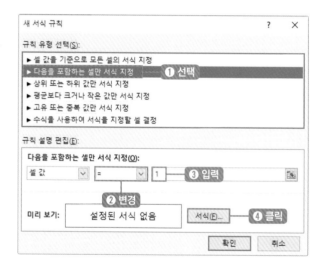

⑤ [셀 서식] 대화상자에서 [글꼴] 탭의 색을 '검정, 텍스트 1'로 선택하고 [채우기] 탭의 배경색을 '검정, 텍스트 1'로 선택합니다. 이어서, <확인> 단추를 클릭한 후 [새 서식 규칙]에서도 <확인> 단추를 클릭합니다.

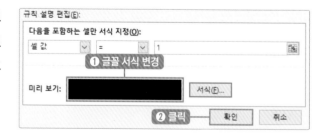

TIP 조건부 서식

지정된 조건에 해당하는 셀이나 셀 범위에 적용하는 서식으로 '표시 형식, 글꼴, 테두리, 채우기' 등을 변경할 수 있습니다. 조건에 맞는 셀 범위에는 서식이 지정되지만 그렇지 않은 셀 범위는 서식이 지정되지 않습니다.

⑥ 다음과 같이 [E1:AH23] 영역에 똑같은 방법으로 조건부 서식을 적용합니다.

※ 조건부 서식의 [서식]은 글꼴색과 배경색을 같은색으로 지정합니다.

- '2' : 주황, 강조 6, 80% 더 밝게
- '3' : 자주, 강조 4
- '4' : 바다색, 강조 5
- '5' 바다색, 강조 5, 60% 더 밝게
- '6' : 빨강, 강조 2
- '7' : 빨강, 강조 2, 80% 더 밝게

CHAPTER 17 혼자서 뚝딱 뚝딱!

📂 불러올 파일 : 17장_혼자서.xlsx 🖹 완성된 파일 : 17장_혼자서(완성).xlsx

① 17장_혼자서.xlsx 파일을 열어 아래 그림을 참고하여 완성해보세요.

❶ 조건부 서식 '1'을 검정색으로 지정합니다.

❷ 예제와 같이 글자나 숫자를 입력해봅니다. (자신의 이름을 만들어도 좋습니다.)

CHAPTER 18

길동이의 지출 내역

- 자동 합계 기능으로 지출 금액을 계산해봅니다.
- 수식 계산 기능으로 금액을 계산해봅니다.

📁 불러올 파일 : 18장.xlsx   📑 완성된 파일 : 18장(완성).xlsx

1 다음 미로에서 컴미가 탈출을 하기 위해서 미로를 나가는 방향을 화살표로 표시했습니다. 빈칸
에 알맞은 방향을 적어보세요.

※ 마치 게임속에 케릭터를 움직이듯 화살표 방향키로 움직인다고 생각해보면 쉬워요.

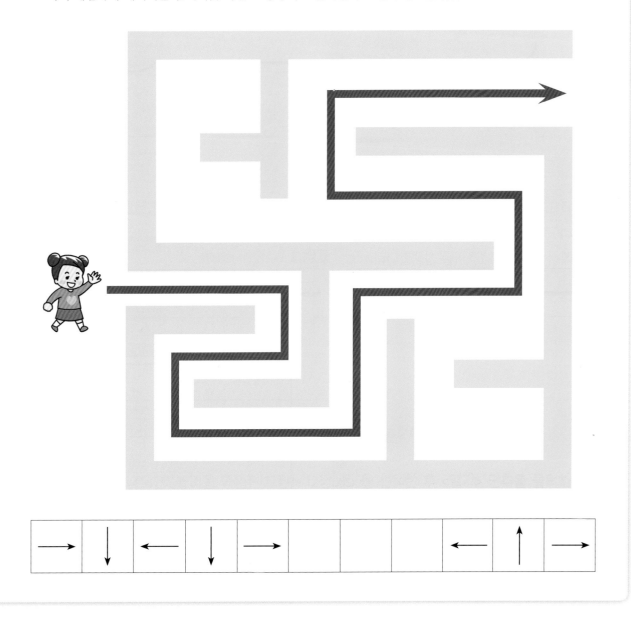

| → | ↓ | ← | ↓ | → | | | ← | ↑ | → |

---

01 계산하기

① [Excel 2016]을 실행한 후 [다른 통합 문서 열기]-[찾아보기]를 클릭합니다.

② [열기] 대화상자가 나오면 [불러올 파일]–[18장]–'18장.xlsx'을 선택한 후 <열기> 단추를 클릭하여 파일을 불러옵니다.

③ [D6:D10] 영역을 드래그하여 범위를 지정하고 [수식] 탭–[함수 라이브러리] 그룹에서 [자동 합계(∑)]를 선택합니다.

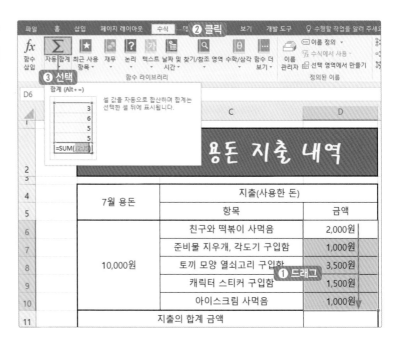

④ [D12] 셀을 클릭하고 '='을 입력합니다. 이어서, '10,000원'이 있는 [B6] 셀 주소를 클릭한 후 '–'를 입력하고 '9,000 원'이 있는 [D11] 셀 주소를 클릭한 후 **Enter** 키를 누릅니다.

※ [D12] 셀에 '=B6-D11'을 입력하고 **Enter** 키를 누르면 남은 금액이 입력됩니다.

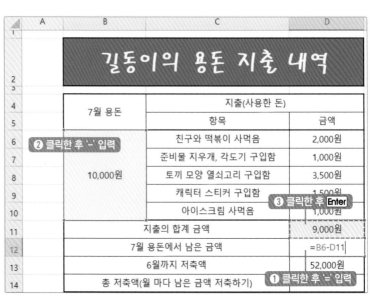

⑤ [D14] 셀을 클릭하고 '='을 입력합니다. 이어서, '1,000원'이 있는 [D12] 셀 주소를 클릭한 후 '+'를 입력하고 '52,000원'이 있는 [D13] 셀 주소를 클릭한 후 **Enter** 키를 누릅니다.

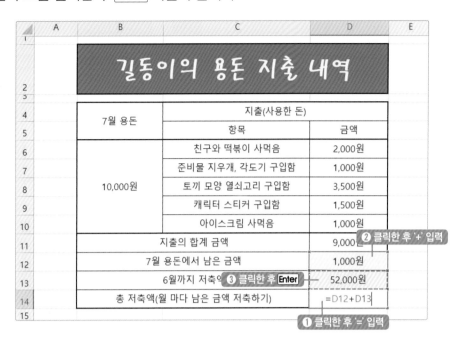

02 표 서식 지정하기

① [B4:D14] 영역을 드래그하여 [홈] 탭-[글꼴] 그룹에서 원하는 글꼴 서식을 선택합니다.

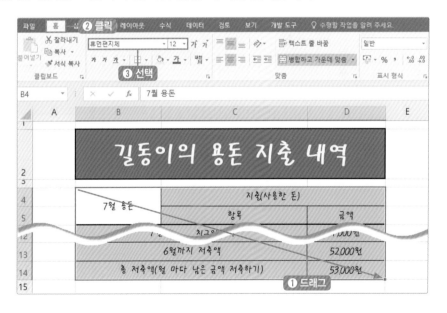

❷ [B4] 셀을 클릭하여 **Ctrl** 키를 누른 상태에서 [B11:C14] 영역을 드래그한 후 원하는 글꼴 서식을 선택합니다.

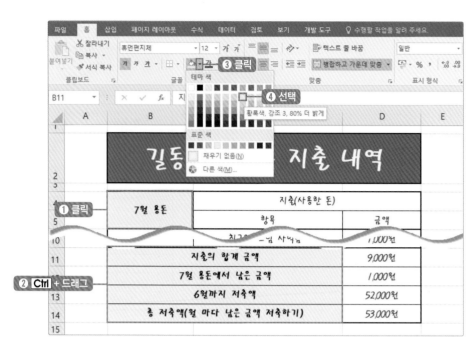

❸ [B6] 셀을 드래그하여 원하는 글꼴 서식을 선택한 다음 [홈] 탭-[맞춤] 그룹에서 [방향]을 클릭하여 [시계 반대 방향 각도]를 선택합니다.

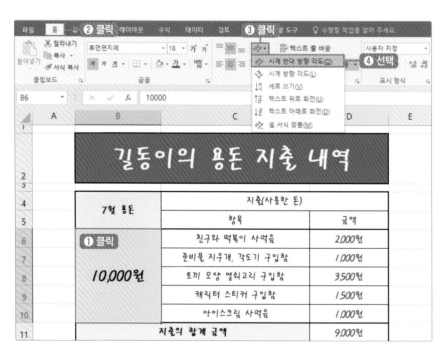

CHAPTER 18 혼자서 뚝딱 뚝딱!

📁 불러올 파일 : 18장_혼자서.xlsx 📄 완성된 파일 : 18장_혼자서(완성).xlsx

① 18장_혼자서.xlsx 파일을 열어 아래 그림을 참고하여 완성해보세요.

❶ 위 예제와 같이 제목을 꾸며봅니다.

❷ 글꼴 변경 및 행 높이 변경하여 봅니다.

❸ 계산결과를 나타낼 셀에 수식을 계산합니다.

- [F3], [F5], [F7], [F9] : 수식을 이용하여 계산

- 기호설명 : 더하기(+), 빼기(-), 곱하기(*), 나누기(/)

- [F3] 수식 → 'B3+D3' Enter 키

우리반 친구들의 성적

학습목표

● 자동 합계 기능으로 점수를 계산해 봅니다.
● 조건부 서식을 지정해 봅니다.

📁 불러올 파일 : 19장.xlsx 📄 완성된 파일 : 19장(완성).xlsx

엑셀은 수 많은
데이터를 짧은
시간에 계산을 해요.

많은 자료도
척척 해결하네요.

더하기.. 빼기.. 하하

숫자 계산은 이제
나에게 맡겨봐~

우리반 친구들의 성적

	국어	영어	수학	총점
강영주	100점	85점	90점	275점
김경진	70점	60점	50점	180점
민혜정	70점	70점	70점	210점
박경신	85점	90점	80점	255점
백윤서	60점	70점	60점	190점
신남일	95점	90점	80점	265점
이명진	75점	75점	75점	225점
최정현	95점	95점	80점	270점
과목평균	81.25점	79.375점	73.125점	
최대값	100점	95점	90점	
최소값	60점	60점	50점	

창의력 플러스

1 아래 빈 시계에 시간표시를 하고 해야 할 일을 적어보세요.

예 9시 시간을 시침과 분침으로 표시하고 '독서'를 적어봅니다.

(독서)

---

01 자동 합계 기능으로 계산하기

① [Excel 2016]을 실행한 후 [다른 통합 문서 열기]-[찾아보기]를 클릭합니다.

② [열기] 대화상자가 나오면 [불러올 파일]-[19장]-'19장.xlsx'를 선택한 후 <열기> 단추를 클릭하여 파일을 불러옵니다.

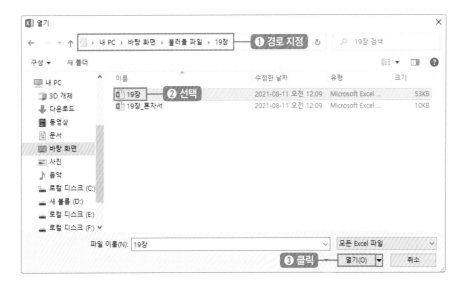

❸ [C5:E5] 영역을 드래그하여 [수식] 탭-[함수 라이브러리] 그룹에서 [자동 합계(∑)]를 클릭합니다. 이어서, [F5] 셀을 클릭하고 채우기 핸들(⊞)을 [F12] 셀까지 드래그합니다.

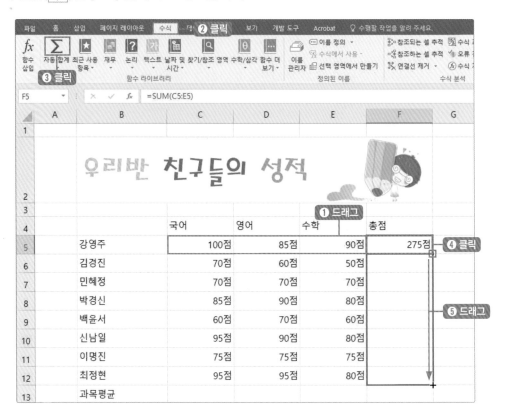

❹ 동일한 방법으로 [C5:E12] 영역을 드래그하여 [수식] 탭-[함수 라이브러리] 그룹에서 [자동 합계(∑)]의 목록 단추(▾)를 선택하고 평균, 최대값, 최소값을 클릭합니다.

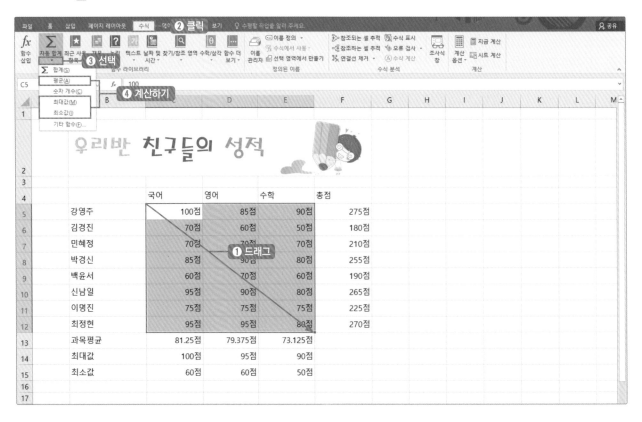

02 조건부 서식 지정과 표 서식 지정하기

① [F5:F12] 영역을 드래그하여 [홈] 탭-[스타일] 그룹에서 [조건부 서식]을 클릭하고 [데이터 막대]-[그라데이션 채우기(주황 데이터 막대)]를 선택합니다.

※ 총점 크기에 따라서 주황 데이터 막대 크기가 달라집니다. 점수가 높은 사람이 막대 길이가 길어집니다.

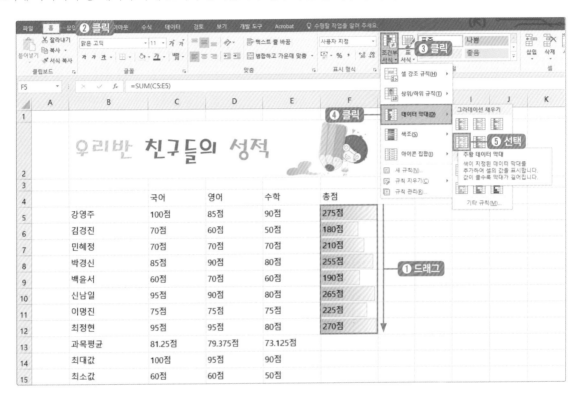

② [B4:F15] 영역을 드래그하여 [홈] 탭-[글꼴] 그룹에서 [테두리(⊞ ▾)]의 목록 단추(▾)를 클릭하여 [모든 테두리(⊞)]를 선택합니다. 이어서, [맞춤] 그룹에서 가운데 맞춤(≡)을 클릭합니다.

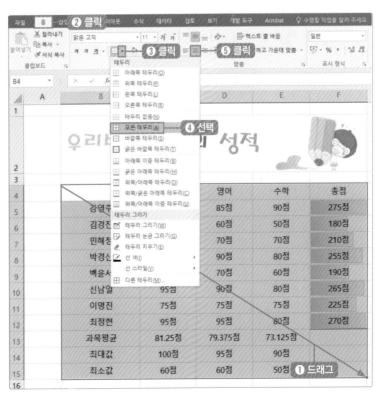

③ [B4:F4] 영영을 드래그하여 **Ctrl** 키를 누른 채 [B5:B15] 영역을 드래그한 후 [홈] 탭-[글꼴] 그룹에서 원하는 채우기 색을 선택합니다.

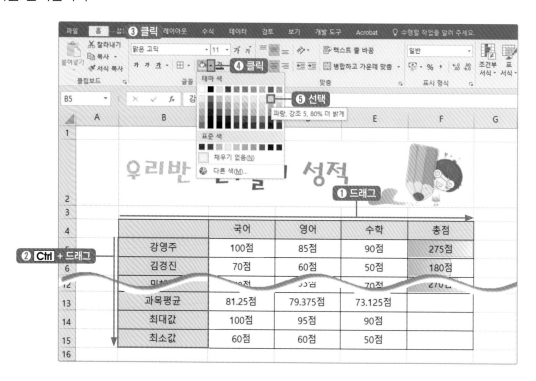

④ [B4] 셀을 클릭하고 셀 위에서 마우스 오른쪽 단추 눌러 [셀 서식]-[테두리]에서 [테두리]-[대각선 테두리]를 선택하고 <확인> 단추를 클릭합니다.

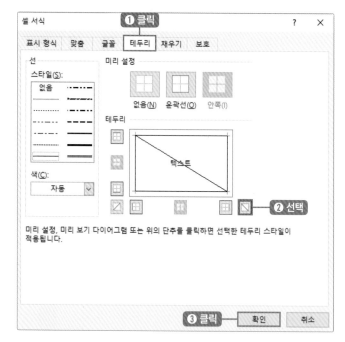

불러올 파일 : 19장_혼자서.xlsx 완성된 파일 : 19장_혼자서(완성).xlsx

1 19장_혼자서.xlsx 파일을 열어 아래 그림을 참고하여 완성해보세요.

	5월	6월
1주	30	40
2주	35	52
3주	25	36
4주	40	41
평균	32.5	42.3
최대값	40	52
최소값	25	36

나의 독서 시간

❶ 5월과 6월의 평균, 최대값, 최소값을 구합니다.

❷ 5월과 6월의 조건부 서식을 지정합니다.

❸ 대각선 테두리를 지정합니다.

직업 인기도 조사

학 습 목 표

- 셀에 데이터를 입력한 후 차트를 만들어 봅니다.
- 차트 서식을 변경한 후 그림을 넣어 차트를 완성해 봅니다.

📁 불러올 파일 : 20장.xlsx   📄 완성된 파일 : 20장(완성).xlsx

창의력 플러스

1 서로 같은 그림에 동그라미 표시를 합니다. 다른 그림은 어디가 다른지 다른 부분을 체크하여 보세요.

 01 데이터 작성 및 차트 만들기

① [Excel 2016]을 실행한 후 [다른 통합 문서 열기]–[찾아보기]를 클릭합니다.

② [열기] 대화상자가 나오면 [불러올 파일]–[20장]–'20장.xlsx'를 선택한 후 <열기> 단추를 클릭하여 파일을 불러옵니다.

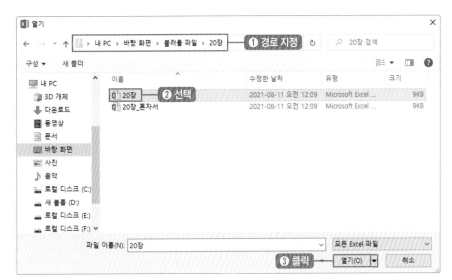

③ 아래 그림과 같이 셀 주소에 맞게 데이터를 입력합니다.

④ [B2:G4] 영역을 드래그하여 [삽입] 탭-[차트] 그룹에서 [세로 또는 가로 막대형 차트 삽입]을 클릭하여 [2차원 세로 막대형]-[묶은 세로 막대형]을 선택합니다.

④ 만들어진 차트를 Alt 키를 누른 채 크기 및 위치를 [B6:L22] 범위에 맞게 조절합니다.

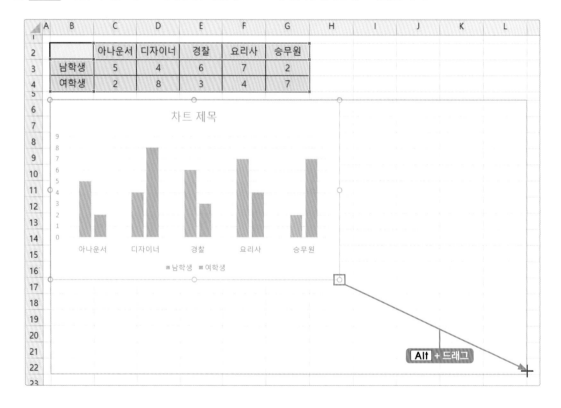

02 차트 꾸미기

① 차트의 제목을 클릭하고 '직업 인기도 조사'를 입력한 후 [디자인] 탭-[차트 레이아웃] 그룹에서 [빠른 레이아웃]을 클릭하여 [레이아웃 1]을 선택합니다.

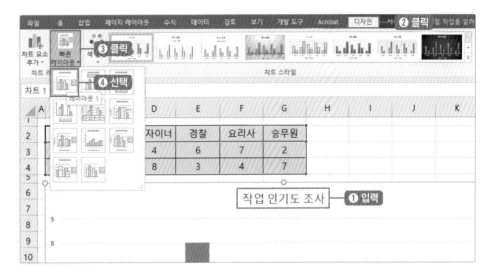

② 차트 테두리 부분(차트 영역)을 클릭하고 [서식] 탭-[도형 스타일] 그룹에서 [도형 채우기]를 클릭하여 원하는 색상을 선택합니다.

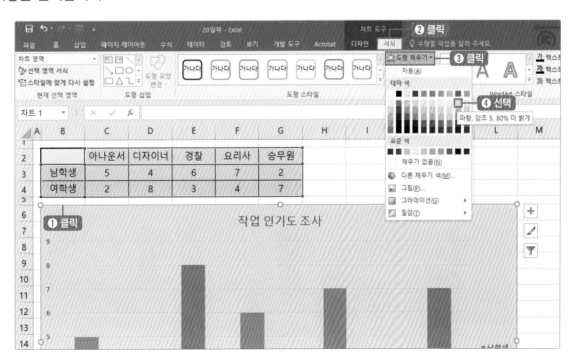

③ 그림 영역을 클릭하고 [서식] 탭-[도형 스타일] 그룹에서 [도형 채우기]를 클릭하여 원하는 색상을 선택합니다.

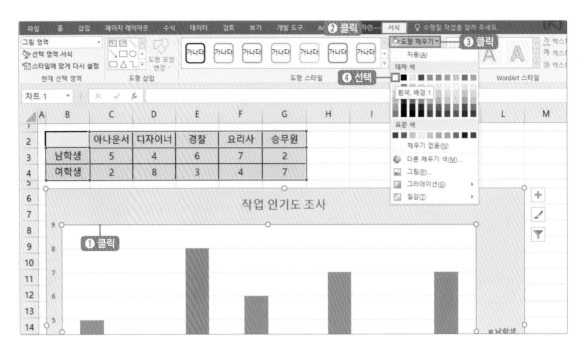

④ 제목 테두리를 클릭하고 [홈] 탭-[글꼴] 그룹에서 원하는 글꼴 서식을 선택합니다.

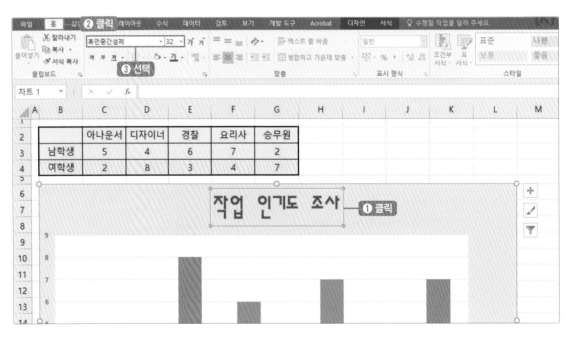

⑤ 차트를 클릭하고 [삽입] 탭-[일러스트레이션] 그룹에서 [그림]을 클릭하여 아래 그림과 같이 차트에 그림을 배치합니다.

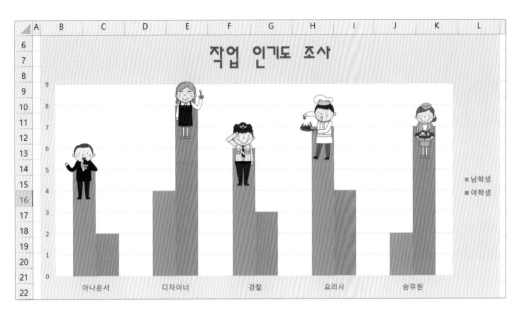

CHAPTER 20 혼자서 뚝딱 뚝딱!

📂 불러올 파일 : 20장_혼자서.xlsx 📄 완성된 파일 : 20장_혼자서(완성).xlsx

1 20장_혼자서.xlsx 파일을 열어 아래 그림을 참고하여 완성해보세요.

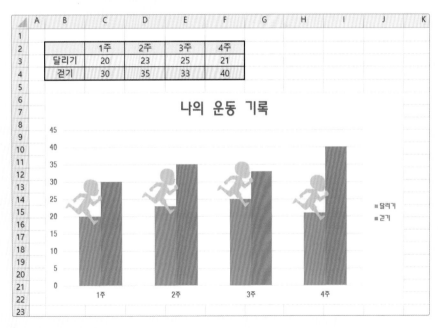

❶ 데이터를 범위지정 후 차트를 만듭니다.

❷ 만들어진 차트에 그림 넣기를 합니다.

나라별 음식 알아보기

● 엑셀 2016의 테마와 스마트아트를 이용하여 각 나라의 대표 음식을 알아봅니다.

📂 불러올 파일 : 21장.xlsx   📄 완성된 파일 : 21장(완성).xlsx

배움 내용 미리보기!

1 다음 이미지를 보고 가장 먹고 싶은 음식 순서로 번호를 빈 칸에 적어보세요.

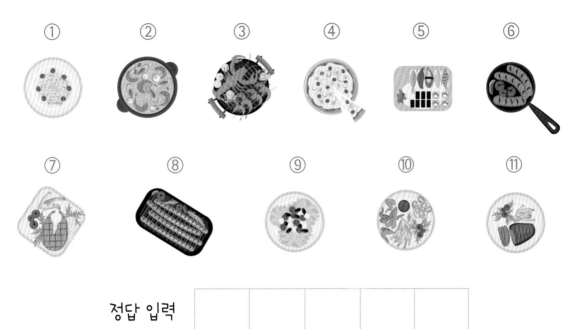

정답 입력

2 다음 이미지는 음식에 쓰이는 다양한 재료입니다. 가장 먹기 힘든 재료 순서로 번호를 빈 칸에 적어보세요.

정답 입력

① [Excel 2016]을 실행한 후 [다른 통합 문서 열기]-[찾아보기]를 클릭합니다.

② [열기] 대화상자가 나오면 [불러올 파일]-[21장]-'21장.xlsx'을 선택한 후 <열기> 단추를 클릭하여 파일을 불러옵니다.

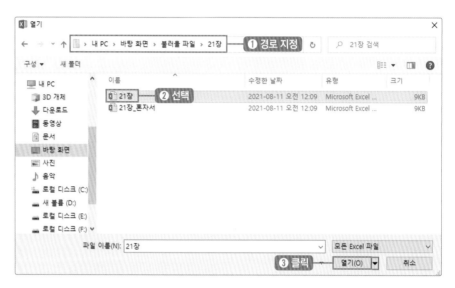

③ [페이지 레이아웃] 탭-[테마] 그룹에서 [테마]를 클릭하여 [디마스크]를 선택합니다.

※ 엑셀에서 디마스크 테마를 지정하면 도형 스타일의 기본값이 '색 채우기-라임, 강조 1'로 지정됩니다.

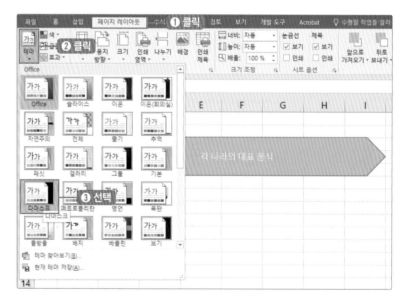

④ 도형을 선택하고 [홈] 탭-[글꼴] 그룹에서 원하는 글꼴 서식을 선택합니다.

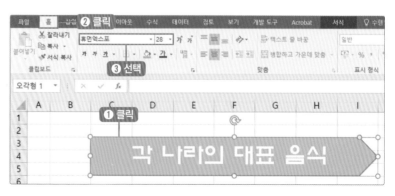

02 스마트아트 만들기

① [삽입] 탭-[일러스트레이션] 그룹에서 [SmartArt()]를 클릭하여 [SmartArt 그래픽 선택]-[그림]-[벤딩 그림 설명형]을 선택하고 <확인> 단추를 클릭합니다.

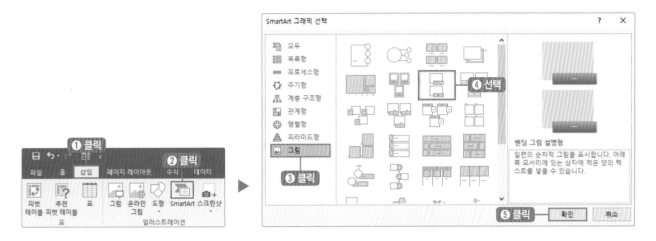

② [디자인] 탭-[그래픽 만들기] 그룹에서 [도형 추가]를 4번 클릭합니다.

③ 스마트아트를 [B7:M27] 영역에 크기 및 위치를 조절합니다.

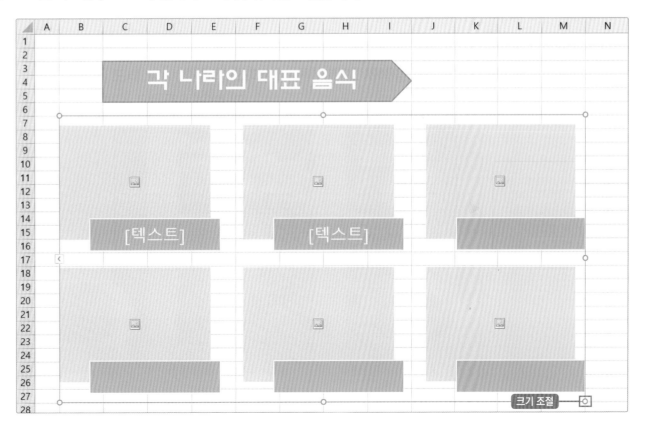

03 그림 넣기 및 꾸미기

❶ 첫 번째 도형의 그림을 클릭하고 [그림 삽입]에서 [파일에서]를 선택한 후 [불러올 파일]-[21장]-'음식1.png'을 삽입합니다. 동일한 방법으로 '음식2~6' 이미지도 삽입합니다.

❷ 텍스트 입력 부분을 클릭하여 차례대로 글자를 입력합니다. ('한국(비빔밥)', '일본(초밥)', '미국(칠면조)', '이탈리아(파스타)', 인도(커리), 독일(소시지)')

❸ 스마트아트를 클릭하고 [디자인] 탭-[SmartArt 도구] 그룹에서 자세히 단추(▾)를 클릭하여 [문서와 가장 일치하는 항목]-[강한 효과]를 선택합니다.

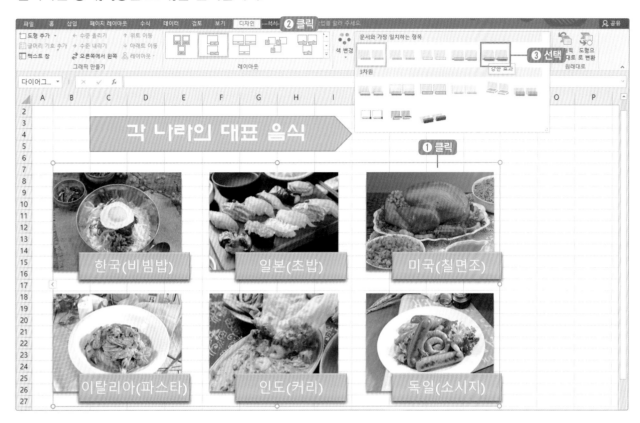

혼자서 뚝딱 뚝딱!

📁 불러올 파일 : 21장_혼자서.xlsx   📄 완성된 파일 : 21장_혼자서(완성).xlsx

1 21장_혼자서.xlsx 파일을 열어 아래 그림을 참고하여 완성해보세요.

❶ 테마(자연주의)를 적용합니다.
❷ 스마트아트와 그림을 이용하여 만들어 봅니다.

맛있는 초코 머핀 만들기

● 스마트아트와 도형을 이용하여 머핀 만들기 레시피를 만들어 봅니다.

📁 불러올 파일 : 22장.xlsx   📋 완성된 파일 : 22장(완성).xlsx

1 다음은 딸기 샌드위치를 만드는 방법을 적어놓은 상자가 있어요. 빈 칸에 올바른 샌드위치를 만들기 위한 번호를 적어보세요.

① 식빵을 꺼내서 접시 위에 올린다.

② 버터나이프로 딸기잼을 빵에 바른다.

③ 식탁위에 접시를 놓는다.

④ 딸기잼 뚜껑을 열고 버터나이프를 준비한다.

정답 입력

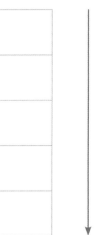

 스마트아트 꾸미기

1 [Excel 2016]을 실행한 후 [다른 통합 문서 열기]–[찾아보기]를 클릭합니다.

2 [열기] 대화상자가 나오면 [불러올 파일]–[22장]–'22장.xlsx'을 선택한 후 <열기> 단추를 클릭하여 파일을 불러옵니다.

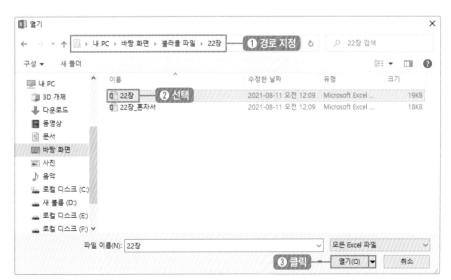

③ 스마트아트의 테두리를 클릭하고 [디자인] 탭-[그래픽 만들기] 그룹에서 [도형 추가]를 클릭합니다.

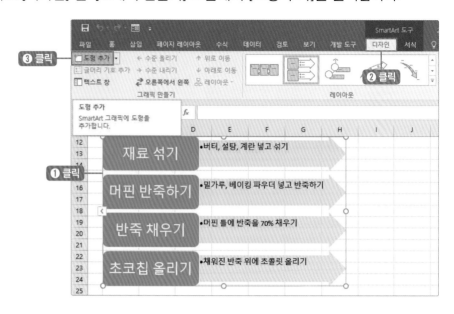

④ 스마트아트를 [B12:N32] 영역에 크기 및 위치를 조절합니다.

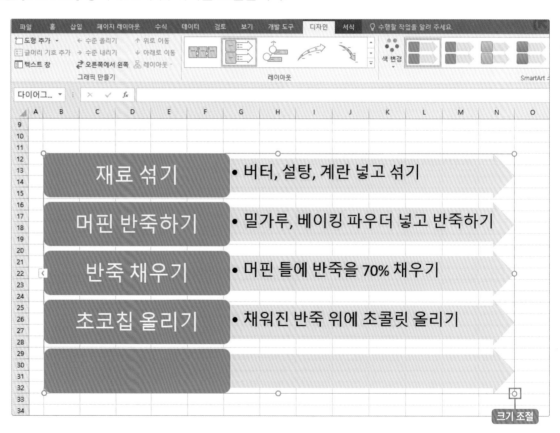

❺ [디자인] 탭–[SmartArt 스타일] 그룹에서 [색 변경]을 클릭하여 [색상형]–[색상형 범위–강조색 4 또는 5]를 선택합니다.

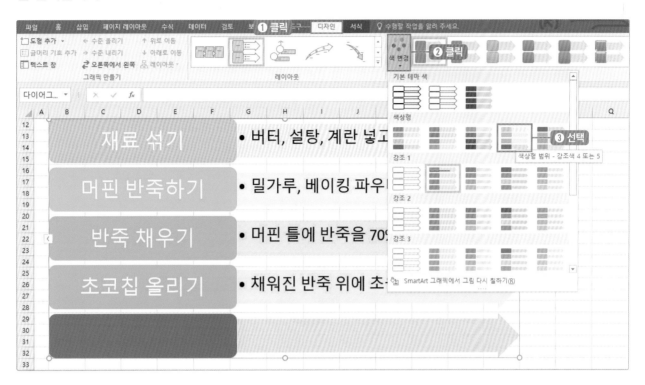

❻ 스마트아트의 추가된 도형에 텍스트 입력('오븐에 굽기', '맛있는 초코 머핀 완성')하고 [홈] 탭–[글꼴] 그룹에서 원하는 글꼴 서식을 선택합니다.

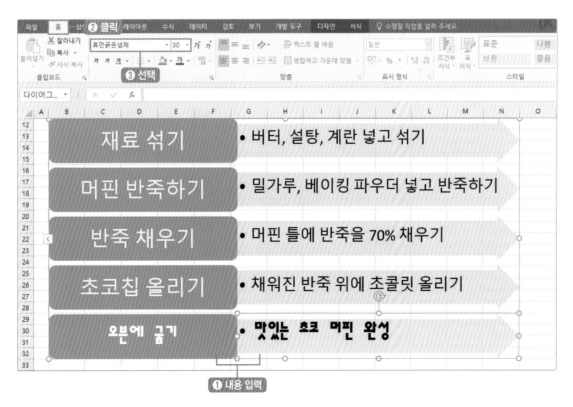

02 도형으로 제목 만들기

① 기본 도형 [타원]을 드래그한 후 크기 및 위치 조절을 하고 '맛'을 입력합니다. 이어서, [홈] 탭-[글꼴] 그룹
에서 원하는 글꼴 서식을 선택하고 [맞춤] 그룹에서 [가운데 맞춤]을 클릭합니다.

② [서식] 탭-[도형 스타일] 그룹에서 자세히 단추(▾)를 클릭하여 [테마 스타일]-[강한 효과 – 파랑, 강조 1]
을 선택합니다.

③ Ctrl 키를 누른 상태에서 도형을 복사합니다.

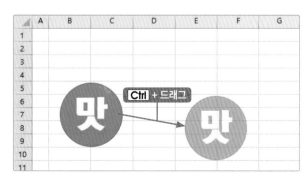

④ 복사한 도형의 글자를 바꾸고 도형 스타일도 바꿔서 다양하게 꾸며봅니다.

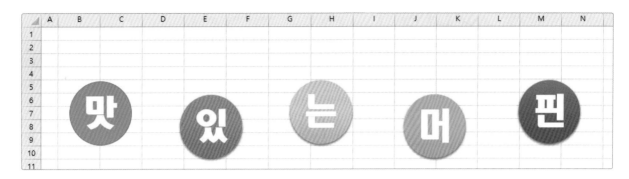

불러올 파일 : 22장_혼자서.xlsx 완성된 파일 : 22장_혼자서(완성).xlsx

1 22장_혼자서.xlsx 파일을 열어 아래 그림을 참고하여 완성해보세요.

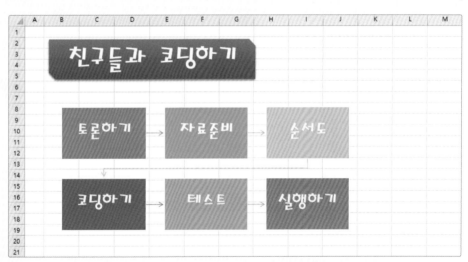

❶ 도형을 만들어 제목을 입력합니다.

❷ 스마트아트로 위 예제와 같이 꾸며봅니다.

엑셀로 배우는 구구단

1 아래 배치된 그림의 숫자를 보고 빈 칸에 숫자를 입력하세요.

※ 힌트 : 같은 그림의 배치를 보고 숫자를 추리해보세요.

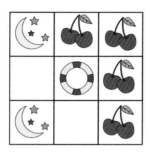 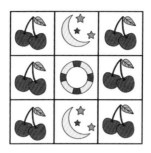

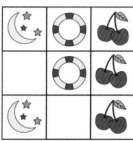 

구구단 만들기

1 [Excel 2016]을 실행한 후 [다른 통합 문서 열기]-[찾아보기]를 클릭합니다.

2 [열기] 대화상자가 나오면 [불러올 파일]-[23장]-'23장.xlsx'을 선택한 후 <열기> 단추를 클릭하여 파일을 불러옵니다.

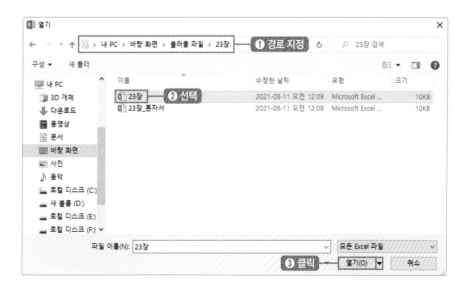

③ [D3] 셀을 클릭하고 '=B3*C3'을 입력한 후 **Enter** 키를 누릅니다.

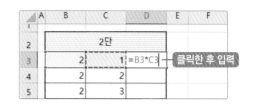

④ [D3] 셀을 클릭하고 채우기 핸들을 [D11] 셀까지 드래그합니다.

⑤ [D3:D11] 영역을 드래그하여 [수식] 탭-[함수 라이브러리] 그룹
에서 자동 합계(∑)를 클릭합니다.

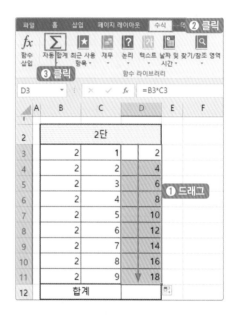

⑥ [B2:D12] 영역을 드래그하고 [홈] 탭-[글꼴]
그룹에서 '글꼴 크기(12pt)'을 선택합니다.
이어서, [맞춤] 그룹에서 [가운데 맞춤]을 2번
클릭합니다.

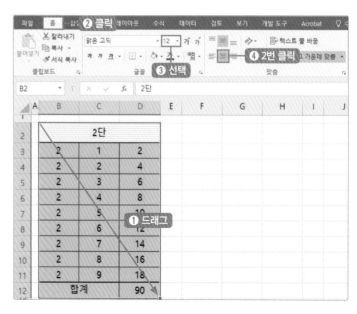

⑦ [B2] 셀을 클릭하고 [홈] 탭-[글꼴] 그룹에서 '글꼴(HY
견고딕)', '글꼴 크기(14pt)'로 선택합니다.

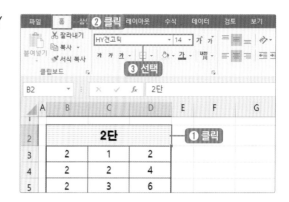

 3단 표 입력하기

① [B2:D12] 영역을 드래그하여 **Ctrl** + **C**를 눌러 복사를 합니다. 이어서, [F2] 셀을 클릭하고 **Ctrl** + **V**
를 눌러 붙여넣기를 합니다.

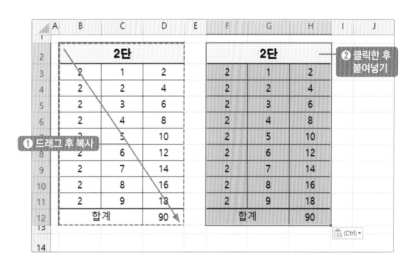

② [F2] 셀을 클릭한 후 '3단'을 입력하고 **Enter** 키를 누른 후 원하는 채우기 색상으로 변경합니다.

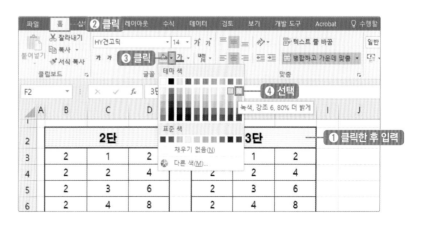

③ [F3] 셀을 클릭하고 '3'을 입력한 후 [F3] 셀의 채우기 핸들을 [F11] 셀까지 드래그를 하면 자동으로 3단이 완성됩니다.

	F	G	H
2		3단	
3	3 (❶ 클릭한 후 입력)	1	3
4	2	2	4
5	2	3	6
6	2	4	8
7	2	5	10
8	2	6	12
9	2	7	14
10	2	8	16
11	2	9	18
12	합계		91

	F	G	H
2		3단	
3	3	1	3
4	2	2	4
5	2	3	6
6	2	4	8
7	2 (❷ 드래그)	5	10
8	2	6	12
9	2	7	14
10	2	8	16
11	2	9	18
12	합계		91

	F	G	H
2		3단	
3	3	1	3
4	3	2	6
5	3	3	9
6	3	4	12
7	3	5	15
8	3	6	18
9	3	7	21
10	3	8	24
11	3	9	27
12	합계		135

④ 동일한 방법으로 4단~9단을 만들어서 작품을 완성합니다.

2단				3단				4단				5단		
2	1	2		3	1	3		4	1	4		5	1	5
2	2	4		3	2	6		4	2	8		5	2	10
2	3	6		3	3	9		4	3	12		5	3	15
2	4	8		3	4	12		4	4	16		5	4	20
2	5	10		3	5	15		4	5	20		5	5	25
2	6	12		3	6	18		4	6	24		5	6	30
2	7	14		3	7	21		4	7	28		5	7	35
2	8	16		3	8	24		4	8	32		5	8	40
2	9	18		3	9	27		4	9	36		5	9	45
합계		90		합계		135		합계		180		합계		225

6단				7단				8단				9단		
6	1	6		7	1	7		8	1	8		9	1	9
6	2	12		7	2	14		8	2	16		9	2	18
6	3	18		7	3	21		8	3	24		9	3	27
6	4	24		7	4	28		8	4	32		9	4	36
6	5	30		7	5	35		8	5	40		9	5	45
6	6	36		7	6	42		8	6	48		9	6	54
6	7	42		7	7	49		8	7	56		9	7	63
6	8	48		7	8	56		8	8	64		9	8	72
6	9	54		7	9	63		8	9	72		9	9	81
합계		270		합계		315		합계		360		합계		405

CHAPTER 23 혼자서 뚝딱 뚝딱!

📁 불러올 파일 : 23장_혼자서.xlsx   📄 완성된 파일 : 23장_혼자서(완성).xlsx

1 23장_혼자서.xlsx 파일을 열어 아래 그림을 참고하여 완성해보세요.

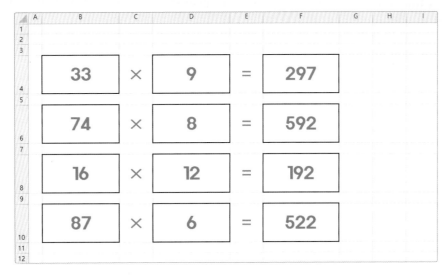

❶ 수식을 입력하여 곱하기 결과를 나타냅니다.

❷ 복사를 사용하여 나머지 계산결과를 표시합니다.

단원 종합 평가 문제

학 습 목 표
....

- 17장~23장에서 배운 내용을 평가해봅니다.

1 그림과 같이 [D3] 셀에 사용한 수식은 무엇인가요?

	A	B	C	D
1				
2		가지고 있는 금액	사용한 금액	남은 금액
3		9500	7200	2300
4				

❶ =B3+C3   **❷** =B3*B2   **❸** =B3-C3   **❹** =B2-C2

2 자동 합계를 사용하는 도구는 무엇인가요?

❶ 📊▾   **❷** 🔺   **❸** 🖼   **❹** Σ

3 그림과 같이 조건부 서식을 적용한 기능은 무엇인가요?

❶ 데이터 막대

❷ 차트 만들기

❸ 수식을 사용하여 서식을 지정할 셀 결정

❹ 다음을 포함하는 셀만 서식 지정

	A	B
1		
2		점수관리
3	1일차	77
4	2일차	85
5	3일차	72
6	4일차	89
7	5일차	91
8	6일차	92
9	7일차	95
10		

4 차트의 크기를 조정할 때 셀에 맞추어서 크기를 조정하려면 어떤 키를 같이 눌러야 하나요?

❶ Shift   **❷** Ctrl   **❸** Alt   **❹** Enter

5 그림과 같이 [E3] 셀에 사용한 수식은 무엇인가요?

	A	B	C	D	E
1					
2	7월	6월 남은 금액	용돈	사용한 금액	남은 금액
3		9500	7200	5600	11100
4					

❶ =B3+C3+D3   **❷** =B3-B2-C2   **❸** =B3+C3-D3   **❹** =B2-C2-D2

6 엑셀 2016에서 미리 만들어진 도형을 입력하는 기능은 무엇인가요?

❶ 기본 도형 ❷ 스마트아트 ❸ WordArt ❹ 그림 넣기

7 엑셀 2016의 [삽입] 탭에 없는 기능은 무엇인가요?

❶ 차트 ❷ 필터 ❸ 그림 ❹ 도형

8 다음 수식에서 사용하는 기호와 뜻이 다른 것은 무엇인가요?

❶ *(곱하기) ❷ +(더하기) ❸ /(나머지) ❹ -(빼기)

9 다음 중 복사하는 단축키는 무엇인가요?

❶ Shift + C ❷ Ctrl + C ❸ Ctrl + V ❹ Alt + Enter

10 다음 작업 순서를 참고하여 아래 그림과 같이 엑셀 파일을 완성하세요.

📁 불러올 파일 : 없음 💾 완성된 파일 : 24장(완성).xlsx

- WordArt를 이용하여 제목을 입력합니다.
- 스마트아트를 이용하여 예제와 같이 입력합니다. (스마트아트 : 기본 블록 목록형)
- 글꼴은 자유롭게 지정하도록 합니다.

MEMO